D0993355

Le Roi se meurt

A Jacques Mauclair,
à Geneviève et Maurice de Gandillac

EUGÈNE IONESCO

Le Roi
se meurt

edited by

Robert J. North M.A.

Professor of French, University of Birmingham

MODERN WORLD LITERATURE SERIES

HARRAP   LONDON

First published in Great Britain 1966
by GEORGE G. HARRAP & CO. LTD
182 High Holborn, London WCIV 7AX

Reprinted: 1971; 1972; 1981

First published in the French language 1963
by EDITIONS GALLIMARD

English edition with Introduction and Notes
© *George G. Harrap & Co. Ltd* 1966
Copyright. All rights reserved

ISBN 0 245-53723-6

Printed in Great Britain by
Redwood Burn Limited, Trowbridge

Contents

Acknowledgements

Thanks are due to M. Eugène Ionesco and to Éditions Gallimard for permission to reproduce the quotations from his works.

The photograph of M. Ionesco is reproduced by permission of Mark Gerson (Photography) Ltd.; those of the original French production of *Le Roi se meurt* by permission of Agence Presse Bernand and Photo Pic, Paris, and that of the English setting of *Exit the King* by permission of John Cook, Whitecross Studio Ltd.

Introduction

Ionesco and his work

On May 11th, 1950, *La Cantatrice chauve* had its first performance at the tiny Théâtre des Noctambules in Paris before a very
small audience. It was the first play of Eugène Ionesco to reach
the stage and the reception was mixed, ranging from angry incredulity to delighted laughter. Ever since, controversy has
continued over the works of Ionesco, but he has gradually
become recognized as one of the most important dramatists of the
century; his works have been translated and performed throughout the world and a new play by him constitutes a major theatrical
event. *Le Roi se meurt*, one of his latest plays, was well received
in France, and English critics who attended the Edinburgh
Festival performance in September 1963 spoke of "greatness"
and "tragic heights". But even here, a division of opinion
continued. Mr W. A. Darlington in the *Daily Telegraph* said the
play would "split our playgoing public clean in two" and Mr
Harold Hobson in the *Sunday Times* noted an "uncomprehending
reception" in part of the audience. The fact is that Ionesco has
brought something new into the theatre and that his experiments
and his successes have disconcerted playgoers. He called his first
play an '*anti-pièce*' yet has continued to write for the theatre,
showing no sign of wanting to destroy it. To appreciate the
problem and to understand the attitude which produced *Le Roi se
meurt* we should look at his work and at what he himself has said
in explanation.

When in 1948 Ionesco wrote *La Cantatrice chauve* it was almost
by accident, for he declared himself to have been uninterested,
even bored, by the contemporary theatre. He had, in childhood,
written a little play and a film scenario, and had been delighted by

the Guignol, the Punch and Judy-like shows given in the Tuileries
and Luxembourg gardens for children; he had at school distinguished himself in essay writing rather than in mathematics;
then, at the age of seventeen, under the influence of Francis
Jammes and Maeterlinck he had written some poetry; later he had
busied himself with criticism and scholarly work, but not until
1948 did he seriously turn to writing for the theatre.

Born on November 26th, 1912, at Slatina in Roumania, he had
in 1913 been brought to France where he spent his childhood, for
the most part in Paris. When he was eight he and his sister were
sent to live in the country near Moulin in the Mayenne "pour
reprendre des couleurs". Subsequently he studied in Paris and in
Bucharest and became a teacher of French in a Bucharest school.
It was at this time that he wrote two sets of articles. The first
attacked scathingly three admired Roumanian writers and caused
some stir; "there were articles in learned journals, there were
refutations, there was even a public debate with repercussions".
Soon afterwards, he published the second set of articles in which
he praised those he had formerly condemned. The result was
scandal and abuse: "a promising career as a critic was irretrievably
ruined", Ionesco says, explaining that he had been conducting an
experiment "preparatory to writing an article entitled NO! and
dealing with the identity of opposites". "All I was trying to
do was to show that it is exceedingly difficult to lay down the law
about a work of art."[1]

Both these considerations, the identity of opposites or the
nature of contradiction and the autonomy of the work of art,
recur in his later writings. In 1938 Ionesco went to Paris to begin
research work for a doctorate, dealing with the themes of Sin and
Death in the work of Baudelaire, which he later abandoned. Since
then he has been settled in France.

*   *   *

La Cantatrice chauve was apparently born of Ionesco's decision
to learn English, rather than from a desire to become a dramatist.

[1] For this episode, see Coe: *Ionesco*, p. 102.

He bought a conversation course and began learning and copying out the phrases.

En les relisant attentivement, j'appris donc, non pas l'anglais, mais des vérités surprenantes: qu'il y a sept jours dans la semaine, par exemple, ce que je savais d'ailleurs; ou bien que le plancher est en bas, le plafond en haut, chose que je savais également, peut-être, mais à laquelle je n'avais jamais réfléchi sérieusement ou que j'avais oubliée, et qui m'apparaissait, tout à coup, aussi stupéfiante qu'indiscutablement vraie.[1]

The phrase book continued with dialogues between the Smiths and between the Martins, dealing with their habits and work in ready-made phrases and clichés.

C'est alors que j'eus une illumination. Il ne s'agissait plus pour moi de parfaire ma connaissance de la langue anglaise... Mon ambition était devenue plus grande: communiquer à mes contemporains les vérités essentielles dont m'avait fait prendre conscience le manuel... D'autre part, les dialogues des Smith, des Martin, des Smith et des Martin, c'était proprement du théâtre, le théâtre étant dialogue.

Making a parody out of these phrases, Ionesco found something going wrong: the characters lost their memories, the phrases became contradictory, the 'truths' became half-truths.

Les mots étaient devenus des écorces sonores, dénués de sens, les personnages aussi, bien entendu, s'étaient vidés de leur psychologie et le monde m'apparaissait dans une lumière insolite.[2]

Mr and Mrs Smith sit by the fire, he reading and she knitting, and at intervals they exchange empty remarks. They discuss the death of Bobby Watson, revealing to the audience that three-quarters of the town's inhabitants, men, women, children, and cats alike, are called Bobby Watson. The Martins come to dinner and while the Smiths are dressing they converse, discovering that they have met before, even that they live in the same flat and have a daughter. They must be married! No, says the maid in a loud

---

[1] *Notes et contre-notes*, p. 155.   [2] *Ibid.*, p. 159.

aside to the audience, for their daughters are not the same daughter. The doorbell rings but no-one is at the door, and so there is a discussion as to whether it rings because someone is at the door or because no-one is there. They decide that there is no necessary connection: sometimes there is someone at the door, sometimes not. A captain of fire-fighters next enters and tells stories that have no apparent point. His departure is followed by an interchange of banalities and clichés that are increasingly disjointed, until in mounting fury, the characters hurl syllables and sounds at one another. The lights go out, and when they come on again, the Martins, sitting by the fire, begin to repeat exactly what the Smiths had said in the first scene. Nor does any "bald-headed *prima donna*", though mentioned, ever appear in the play.

The parody of the drawing-room comedy had thus become a farce with overtones of tragedy, revealing the absurdity of the world, the emptiness of language, the mechanical behaviour of people—a play of empty abstractions paralleling the vacuousness of the everyday, expressing the author's astonishment at the existence of these people in their world and at the unreal quality of their relations and interchanges.

Ionesco had pushed burlesque to the point of terror, but had also broken through dramatic conventions. It is clear that plot is not important here. It is the effect on the audience which matters, and Ionesco was willing to consider alternative means of achieving it. He had envisaged different endings for the play. In one, the maid was to announce dinner, the Smiths and Martins would leave the stage, which would be invaded by two or three people protesting at the play who, in their turn, would be followed onto the stage by the manager and by police who would shoot the critics and threaten the audience. In another version the maid was to announce the author, who would come on stage to the applause of the actors and then, raising his fist at the audience, shout at them, "I'll have your lives, you rogues". For a variety of technical reasons, the ending chosen was the re-beginning already described, but Italian and English producers have also used an ending in which the characters come to blows and dance a frenzied ballet-combat, which Ionesco finds equally satisfactory.

Interpretations of the play vary widely: the superficial saw it as an attack on the English, others as a social criticism of the *petit-bourgeois*, or an attack on theatrical conventions, or again as a tragedy of language and life. The anti-heroic buffoon plays of Alfred Jarry were evoked as Ionesco's model, and it is certain that to some extent he has been influenced by them, sharing the iconoclasm of his fellow members of the *Collège de Pataphysique*. *Pataphysique*, which perpetuates the attitude of Jarry, is anarchical, a burlesque of science and determinism, concerned with the particular rather than the general, preferring nonsense to sense, fun to tragedy, discovery to enshrined truths, and maintaining that life is so absurd it cannot be taken seriously. No doubt Ionesco also owes something to the theories of Antonin Artaud, whose *Théâtre de la cruauté* proclaims that the theatre is the place in which the audience is to be shocked, by the use of all the resources of the stage, into a realization of the dangers and complexities, the passions and pains of life as it truly is. But Ionesco is first and foremost himself, writing, as we shall see, to express his own experience and to discover answers, seeking a theatrical form that is appropriate.

Ionesco's next play, *La Leçon*, written in the summer of 1950, follows the same pattern of tension mounting to a frenzy and ending on a note of recurrence. The pupil comes to be instructed for the *doctorat total* and is bright and dominant in the initial exchanges with the teacher. In a parody of educational procedures they recite facts and chop logic, reel off formulae and tables and pseudo-definitions which are increasingly in conflict with reality as the pupil knows it; the teacher grows more masterful, the pupil more morose and stupid. The lesson turns into an interrogation, then into mental torture, as the teacher sadistically exploits the relationship and casts a spell on the pupil, and it ends with him stabbing her in an erotic spasm. The maid enters, chiding the teacher for again losing control of himself: "…je vous avais bien averti, pourtant, tout à l'heure encore; l'arithmétique mène à la philologie, et la philologie mène au crime." They carry off the body (to put it with thirty-nine others) just as a new pupil rings the door-bell. Here again the words, emptied of meaning, are first made

comic, by punning and association, and then frightening; the
burlesqued lesson becomes grotesque and then tragic; this "drame
comique", as Ionesco calls it, ends with the shiver of a sick joke,
of *humour noir*.

Written about the same time, *Jacques ou la soumission* presents,
in a sombre, naturalistic setting, a family intent on moulding their
son Jacques to conformity, not with the pattern of our everyday
behaviour but with their own pattern, here comically identified
with a liking for boiled potatoes with bacon. The mother uses
emotional blackmail, the father threatens, the sister wheedles—
until the son succumbs, conforms to pattern, and so becomes
marriageable. The bride-to-be, Roberte, is introduced with her
family, and her fine points are admired; but she has only two
noses and Jacques demands three. Roberte's family feels insulted
and there is general consternation. Finally, the family brings in
Roberte II: "Nous avons à notre disposition une seconde fille
unique. Et celle-là, elle a ses trois nez au complet.... Elle est
trinaire. En tout d'ailleurs. Et pour tout." Jacques finds her not
ugly enough, and even revolts against bacon and potatoes. But the
families leave them together; she tells him of her desire to escape
("Tout est truqué"), and of her visions, and they come together.
In a sad, ugly and warped world, love seems to bring peace and
create an island of happiness in an ocean of threatening pressures.

The play may be acted in masks contrasting with the naturalistic setting and it should create in the audience, says Ionesco, a
feeling of disquiet. "*Jacques* est d'abord un drame de famille, ou une
parodie d'un drame de famille. Cela pourrait être une pièce morale.
Le langage des personnages ainsi que leur attitude sont nobles et
distingués. Seulement ce langage se disloque; se décompose."[1]

In *L'Avenir est dans les œufs ou il faut de tout pour faire un monde*, a
kind of sequel to *Jacques* written in 1951, we find Jacques and
Roberte interrupted in their loving by the invading family.
Grandfather has died and he must be replaced; from his portrait
overlooking the stage he looks down on his successor and comments on the action. Jacques must *produce* and, in labour, he does
produce: eggs, in ever-increasing quantities and to a chorus of

[1] *Notes et contre-notes*, p. 173.

approbation, which hails the birth of officers, employers, popes, kings, emperors, and so on, but which is marred finally by Jacques's dissonant voice welcoming pessimists, nihilists, anarchists and pleading: "Je veux une fontaine de lumière, de l'eau incandescente, un feu de glace, des neiges de feu."

This hilarious, pantomime-like sequence, subverting normal experience by reversing roles and caricaturing language and behaviour with nonsense words and choruses as well as gestures, not only parodies the family and the parrot-cries of society but also hints at the inner emptiness and the secret hopes of the individual. Both Roberte and Jacques seek something else, brighter, more elevated, more beautiful. This void in them is given more forceful expression still in *Les Chaises, farce tragique*, written in the same year and performed in April 1952. On an empty stage, an old man and an old woman lament, dream, argue and tell again the same story. Their dwelling is a house on an island surrounded by the sinister sound of lapping water. The old man has decided at last to give his message to the world, and has summoned a meeting. They greet their many guests who, all invisible, arrive one by one and are given chairs, until the room is so crowded with chairs, all empty, that the old couple are separated. They converse with their distinguished and invisible guests and call to one another across the empty chairs, awaiting the Orator who will deliver the message. At long last he comes and is introduced by the old man, who begs him to speak; the couple then commit suicide, throwing themselves from the window into the water below; the Orator utters incomprehensible noises; then in an effort to communicate he writes single letters on the blackboard, but at last, after waiting vainly for reactions from the invisible audience, quits the rostrum. The sounds of an audience are heard as the curtain falls.

This is a play of absence, of emptiness. The stage is peopled with the figments of the imagination of the old couple; the Orator's presence is a convention imposed by the fact that he has to be left alone on the stage after the suicides, vainly attempting to communicate a message that cannot be formulated to an audience that is invisible. The presence of the invisible guests is evoked by the words and mime of the couple. The proliferation of material objects, the chairs, the shutting and closing of doors, the off-stage noises, emphasize by contrast the spiritual emptiness. "Le monde me semble tantôt trop lourd, tantôt vide de toute substance, trop léger, évanescent, impondérable."[1] Here then, Ionesco's efforts to create a metaphysical theatre, dealing not with social messages or psychological conflicts or the events and preoccupations of daily life, come to the fore. *Les Chaises* deals neither with the real nor the unreal, but with the world which is the subjective and arbitrary creation of the individual mind. The world of the old people is empty of achievement, but filled with vague hopes and aspirations. Almost nothing happens in the play in ordinary theatrical terms and the ending can be explained, says Ionesco, in the words of Gérard de Nerval: "Le monde est désert. Peuplé de fantômes aux voix plaintives, il murmure des chants d'amour sur les débris de mon néant!"[2]

The encumbering effects of objects with their stifling and imprisoning of life is very evident in *Le Nouveau Locataire* (1953). In an empty room, an ill-tempered concierge muses intermittently, exchanging banalities with passing lodgers. A new tenant arrives and ignores her offers of help, provoking her to hostility and malicious comments. Quite unmoved, he organizes the bringing in of his furniture, arranging systematically, and with a mad meticulousness, the placing of each object. The removal men carry the heavy loads with ease, and yet labour under the lightest of objects and trip over chalk lines on the floor; all the while they execute a kind of ceremonial dance. More and more objects are brought in and piled up, surrounding the tenant, until eventually the ceiling is removed to bring in still more, so that finally the corridors, the whole house, the town itself seem blocked up. The removal men go, switching off the lights, and the tenant is left alone, hemmed in with a multiplicity of objects which he has accumulated around him, perhaps to shut off the world.

Victimes du devoir, written in September 1952 and first performed in the following February, is based, like a number of other Ionesco plays (e.g. *Tueur sans gages, Amédée, Rhinocéros*), on an

[1] *Notes et contre-notes*, p. 111.   [2] *Ibid.*, p. 171.

earlier short story. It brings together elements already present in some of the plays already discussed: the married couple ill at ease and unhappy, the interrogation and forced teaching seen in *La Leçon*, the helplessness of children and the revolt against conformity of *Jacques*, the sense of loss and the aspiration towards better things often hinted at. This play opens on a middle-class scene with Choubert reading his newspaper and Madeleine knitting. They are under the rule of "The Administration", which recommends detachment to all its subjects as a way of remedying economic crises, spiritual disorder, and all that goes wrong in life. They turn to discussing the conventional play with its insistence on plot and characterization, its resemblance to a detective story in which there is a problem which the police investigate and solve in the last scene. At this moment there is a knock, and they find a young and timid policeman at their door. Invited in, he begins an inquiry into the whereabouts of a M. Mallot. At first he is polite, then he becomes more and more violent and dominating, driving Choubert into the recesses of his memory, into his past, his childhood, his unconscious and his dreams, relentlessly harassing him to confess his supposed knowledge of Mallot. Madeleine becomes by turns the accomplice of the inspector, the seducer and betrayer of her husband, the inspector's lover, Choubert's mother (while the inspector becomes his father), an old woman, and a beggar. Both then become spectators of a play enacted by Choubert alone. They quarrel over him and Choubert flies up into the air and away. He drops back to earth again as they call him, and is then treated as a child; the gaps in his memory must be filled, he must eat and grow strong. So he is made to stuff himself with distasteful food like any reluctant child. Release comes momentarily when Nicolas, who has appeared on stage and is discussing the theatre with the inspector (who will not accept the idea that life is absurd), suddenly grows hostile and then, without explanation, kills the policeman, who has been reduced to a state of abject fear. Chided by Madeleine and filled with remorse, Nicolas takes up the task of finding Mallot. The play ends with him forcibly feeding Choubert and all the characters exhorting one another in chorus to chew and swallow.

The transformations of the characters, the changes in their relationships to one another, the frightening parody of psychiatric analysis, together with the illogicality of the quest and its nightmare translation into physical terms, serve here to create what Ionesco called a *pseudo-drame*, "un texte lyrique, du vécu; je projetai sur scène mes doutes, mes angoisses profondes, les dialoguai; incarnai mes antagonismes; écrivis avec la plus grande sincérité".[1] The kind of play Choubert was discussing when the curtain rose, a play which will not be a kind of detective story though it has police and problems, is enacted before the audience, and its last scene brings not a solution but a continuation of mutual torture.

*   *   *

The plays so far considered, together with *Le Maître*, *Le Tableau*, *La Jeune Fille à marier*, and a number of others, are all short, without division into acts or scenes, though there is change of tempo and change of atmosphere. Considerable use is made of transformations, stage effects, lighting, and machinery. They resemble to some extent the one-act puppet plays of Grand Guignol and of true pantomime, with their disregard of characterization and plot and their emphasis on gesture and language play.

With *Amédée, ou comment s'en débarrasser*, a three-act comedy first performed in April 1954, Ionesco moved towards the longer play and greater complexity; though here it is time for development of theme rather than for complication of plot that accounts for the length. The curtain rises on an uneasy middle-class interior; Amédée is trying to write the play upon which he has been working for fifteen years, and his wife Madeleine is nagging him because she has to work as a switchboard operator to keep them both. Something in the next room worries them both and mushrooms grow in their living-room. Amédée is weary but basically optimistic, Madeleine resolutely unhappy. Madeleine goes to work—at a switchboard in the same room. The shopping must be done, so Amédée lets down out of the window a basket with a list of provisions needed and then draws it up, filled. They

[1] *Notes et contre-notes*, p. 66.

clearly never leave their flat. The thing in the other room goes on growing; at last we realize it is the corpse of a man long dead. As Madeleine laments and wonders what she has done to deserve this misfortune, Amédée tries to console her. The world intrudes in the shape of a postman who brings them a letter, and they are persuaded with difficulty to open the door, protesting that there is nothing hidden in their flat; but they reject the letter, hiding their identity. A noise of breaking glass indicates that the body, still growing, has broken through the window. In a panic lest the neighbours should see, they rush to rearrange things, but gradually the body invades the living-room, reducing the living space and bringing them to nervous exhaustion.

In Act II the body and the furniture from the second room occupy the major part of the stage. Amédée agrees with Madeleine that he is not well adapted to life: he longs to be free; he is tired though he does nothing. Madeleine is desperate, and urges him to free them both of this incubus before the neighbours discover all. They argue about their responsibility: fifteen years have passed since the death and they have never declared it to the authorities. How can they do so now? They think Amédée killed the man, who was his wife's lover, but of this they are not sure. Perhaps it was a baby who had been left in their charge, or someone else. Time and the body advance and the couple sink into despondency. Then before our eyes another Amédée with another Madeleine act out contrasted roles: he loving her and life, she fearing life and rejecting love. The doubles disappear. Time hangs heavy as Amédée and Madeleine wait for night to dispose of their burden; he appeals to her for love: "Aimons-nous, Madeleine, je t'en supplie. Tu sais, l'amour arrange tout, il change la vie." But she rejects him: "Ne dis pas de sottises. Ce n'est pas l'amour qui va nous débarrasser de ce cadavre... Ce n'est pas l'amour qui peut débarrasser les gens des soucis de leur existence." For her, his attitude is more appropriate to the theatre than to reality. For a moment a strange music is heard and a strange light fills the room; the imagination of Amédée has briefly transfigured the scene. Then things return to their accustomed way as Amédée makes ready to dispose of the corpse. Looking out of the window, he sees a strange and beautiful world: the horror of the room and the beauty outside coexist for him and the audience, but Madeleine sees neither. As they at last try to get rid of the body, she loses her self-control; Amédée on the other hand grows stronger and succeeds in dragging it through the window.

Act III opens on a square near by; a drunken American soldier is trying to get into a bar as Amédée arrives dragging the embarrassing corpse towards the river, there to dispose of it. He cannot hide it from the American and is first surprised and gratified when the soldier helps him, then distressed when the latter's clumsiness arouses the neighbourhood. They discover that by turning Amédée can wind the corpse round his own body, but as he does so a long piercing whistle is emitted, fireworks and shooting stars are seen, the neighbours come out and the police arrive on the scene. They chase Amédée, who takes flight, but as he runs away the corpse opens out like a parachute to lift him up into the sky. The police and Madeleine call him back to earth and he cries that he wants to keep his feet firmly on the ground, but he cannot, and so he sails off, his shoes and clothes falling to the ground and being shared out among the bystanders. "C'est dommage!" says Madeleine. "Il avait pourtant du génie, vous savez." In an alternative ending, the corpse's hat, with a false beard, falls upon Madeleine, who cries: "Amédée, tu t'élèves, tu t'élèves, mais tu ne montes pas dans mon estime!"

Presenting the play to an audience at the French Institute in London in December 1958, Ionesco ironically emphasized what he called its realism.

> On ne peut pas expliquer une pièce, on doit la jouer; elle n'est pas une démonstration didactique mais un spectacle vivant, une évidence vivante.
>
> Tout ce que je puis vous dire, c'est que cette pièce est une œuvre simple, enfantine et presque primitive dans sa simplicité. Vous n'y trouverez aucune trace de symbolisme. Dans cette pièce est relaté un fait divers qui aurait pu être tiré de n'importe quel journal; on y raconte une histoire banale qui aurait pu arriver à n'importe qui d'entre nous et qui a dû arriver à beaucoup d'entre nous. C'est une tranche de vie, une pièce réaliste...

Bien sûr, on dira que tout le monde ne se représente pas
la réalité de la même façon que moi. Il y aura certainement
des gens qui penseront que ma vision de la réalité est en fait
irréelle ou surréaliste. Je dois dire que, personnellement,
je réfute cette sorte de réalisme qui n'est qu'un sous-réalisme
qui n'a que deux dimensions sur trois, quatre ou n-dimen-
sions. Ce réalisme aliène l'homme de sa profondeur qui est
la troisième dimension indispensable à partir de laquelle
l'homme commence à être vrai. Quelle valeur de vérité peut-il
y avoir dans cette sorte de réalisme qui oublie de recon-
naître les réalités humaines les plus profondes: l'amour, la
mort, l'étonnement, la souffrance et les rêves de nos cœurs
extra-sociaux.[1]

He had in his own satirical fashion made similar points in
L'Impromptu de l'Alma of 1956, where he introduced three quarrel-
some theatrical pundits busy telling Ionesco how he should write
his plays. The controversy around his work had excited him, and
continues to excite him into eloquent and lively counter-attacks
and statements about his views. Just as Molière in *L'Impromptu de
Versailles* and Giraudoux in *L'Impromptu de Paris* had made fun
of their detractors and expressed their beliefs, so Ionesco in
L'Impromptu de l'Alma pillories the opposition and states his views.
At the beginning of the sketch, Ionesco is dozing before his
writing-table with his unfinished play before him. Bartholomew I
enters with an offer to produce his next play scientifically for a
small company of young scientific actors, in a small theatre with
twenty-five seats for "un public populaire d'élite". Bartholomew I
wishes to know more about the play and Ionesco is embarrassed;
it is almost complete (but in his head):

Je ne sais jamais raconter mes pièces. Tout est dans les
répliques, dans le jeu, dans les images scéniques, c'est très
visuel, comme toujours. C'est une image, une première
réplique, qui déclenche toujours, chez moi, le mécanisme
de la création, ensuite je me laisse porter par mes propres
personnages, je ne sais jamais où je vais exactement. Toute
pièce est, pour moi, une aventure, une chasse, une découverte

[1] *Notes et contre-notes,* pp. 174–175.

d'un univers qui se révèle à moi-même, de la présence duquel
je suis le premier à être étonné.

However, Bartholomew I insists on hearing the text and Ionesco
begins to read the play; the text is the same as has just been
performed before us. They are interrupted by the arrival of Bartholomew II and Bartholomew III. All three are of different critical
persuasions: one is a disciple of Brecht and believes that the
author should, by alienation, shock his audience into a critical
attitude towards the play and life, and should not seek to involve
the audience sympathetically in the fortunes of the characters.
Another believes that the writer should give the audience what it
wants and should certainly not claim to think. The third abhors
poetry. They set about instructing Ionesco, quarrelling all the
time: Aeschylus is out of date; Shakespeare is not French;
Molière is a bad guide; the theatre should—or should not—be
anti-theatrical; it should teach and not amuse; the text matters less
than the production; and so on. During their quarrel Ionesco is
forgotten until they suddenly discover that their target, Ionesco
the author and common enemy, is escaping. Turning upon him,
they convict him of ignorance and begin to act a playlet, *The
Education of an author*, dictating their lesson and putting him
through his paces. They are interrupted by the maid, who chides
them, awakening Ionesco from his trance: "ces malheureux doc-
teurs n'ont pas à donner des conseils, c'est à eux de prendre des
leçons du théâtre". But Ionesco, falling into the same trap, begins
to lecture them on the theatre until they all protest: "Vous détestez
qu'on vous donne des leçons et vous-même vous voulez nous en
donner une".

In France, critics had overwhelmed Ionesco with advice in this
way and some had dismissed him as incapable of writing a play of
any magnitude. In England, Kenneth Tynan took him to task in
the *Observer* (June 22nd, 1958) in an article on the revival of *Les
Chaises* and *La Leçon*, and Orson Welles and Philip Toynbee
joined in the debate. They reproached Ionesco with attempting to
escape from the world of reality, with presenting a sad world
which excluded any ideology of man, in which logic was decried

and communication impossible. Ionesco had divorced his art from its social context. In his reply, Ionesco affirmed that he had no 'message' to give; this was the business of politicians, moralists, men of religion, but not of the dramatist. The social context he is accused of neglecting seems to him inadequate, if not irrelevant, in the sense that the true human society is extra-social: "c'est une société plus vaste et plus profonde, celle qui se révèle par des angoisses communes, des désirs, des nostalgies secrètes qui sont le fait de tous... C'est la condition humaine qui gouverne la condition sociale, non le contraire."[1] The notion of 'commitment', put forward by Sartre and Brecht and so widely accepted by writers and critics like Tynan, is a strait-jacket for the artist, who is concerned with the truth, and not with politics or ideologies. "Un dramaturge se borne à écrire des pièces, dans lesquelles il ne peut qu'offrir un témoignage, non point un message didactique, — un témoignage personnel, affectif, de son angoisse et de l'angoisse des autres, ou, ce qui est rare, de son bonheur; ou bien, il y exprime ses sentiments, tragiques ou comiques, sur la vie. Une œuvre d'art n'a rien à voir avec les doctrines."[2]

His robot-like characters are robot-like because of the pressures of society which imprison them and compel them to conform, robbing them of their liberty, of their individuality, of their essential humanity. It is when they escape from these pressures that men are freed to dream and to seek; that the *petit-bourgeois* becomes a man; that life may be transfigured, the darkness give way to light, the earthbound take wing.

*   *   *

With *L'Impromptu de l'Alma* there begins what some have called Ionesco's second period; the fantasy, illogicality, and verbal play so dominant in the earlier work give way to greater lucidity and more careful organization, more logic and more personal preoccupations. However, the themes of the first plays continue to appear. To some extent Ionesco was responding to the temptation to be polemical. The longer plays, beginning with *Le Tueur sans gages* (1957), seem more directed towards man's relations with

[1] Reprinted in *Notes et contre-notes*, p. 73.   [2] *Ibid.*, p. 72.

society, but they continue to emphasize man's aspirations, his struggle against the pressures of society and his feeling of being an 'outsider'. *Le Tueur* is based upon a short story, *La Photo du Colonel*, published in the *Nouvelle Revue française* in November 1955, and it shows Bérenger discovering a beautiful new quarter in his town which reminds him of past moments of joy; the setting parallels this inner world now lost which he would love to recapture. The quarter is, however, deserted, since a mysterious killer roams there. The Administrator-Architect-Police Chief who shows Bérenger round (and is somewhat impatient of his day-dreams) explains that the assassin sidles up to his victims, shows them a photograph of the Colonel and, while they are distracted, kills them. Much is known of him, but proof of his identity is lacking, and the police are too busy with other things to settle this problem. Returning to his dingy room, Bérenger finds his sick friend Édouard waiting for him, and by chance discovers that Édouard's case is filled with photographs of the Colonel, with papers concerning the killer, and even contains the killer's diary. Anxious to rid the town of this menace, Bérenger asks Édouard to go to the police with this evidence, arranging to meet them in the new quarter to catch the criminal. Things seem to conspire to defeat him: Édouard will not hurry; there are major traffic blocks caused by a political meeting in which the orator promises change: "Pour tout changer il ne faut rien changer. On change les noms, on ne change pas les choses." The police are obstructive and threatening; Édouard's case is lost and found again. Eventually, Bérenger finds himself facing the faceless assassin; he attempts to reason with him, to plead with him, but meets with no reply save a sniggering laugh. "Je me sentis désarmé, désespéré: car que peuvent les balles, aussi bien que ma faible force, contre la haine froide et l'obstination, contre l'énergie infinie de cette cruauté absolue, sans raison, sans merci?"[1]

"C'est une pièce policière écrite dans la ligne la plus classique des pièces policières ou plutôt dans la ligne faussement classique des pièces faussement policières", said Ionesco.[2] "Mettons que ce soit un roman policier que l'on aurait rêvé et qui serait devenu

---

[1] *La Photo du Colonel*, p. 52.   [2] *Le Monde*, February 13th, 1959.

cauchemar." The police cannot be bothered and the citizens, busy with their own affairs, dismiss as accidental this series of killings, which is, however, organized and methodical. "Soudain surgit un citoyen prêt à délivrer la ville, la nation, de ce fléau, de ce mal agissant... Il a l'esprit chevaleresque de Don Quichotte et le courage de Sancho Panza. Ce qu'un Sancho Panza peut faire pour remédier à ce mal et lutter contre le meurtrier est facile à prévoir." The world is out of joint—as everyone knows and says so often that it becomes comic—but nobody does anything about it. Besides giving expression to this absurd state of affairs, *Tueur sans gages* communicates to the audience a sense of anguish; we share Bérenger's delight in the airy bright world of the new quarter as well as his sense of impotence in the face of the irrational, merciless cruelty shown by the implacable enemy of those who wish to dwell there.

Technically, *Le Tueur* is more complex than the previous plays —there are more characters and more stage effects—but the language is more restrained. *Rhinocéros* makes even greater demands with its transformation scenes, but at first sight seems to show Ionesco capitulating to the demand for a social and political message. The play, first performed at the Odéon-Théâtre de France in a production by J.-L. Barrault which set the seal so to speak on Ionesco's success, was based, like others, on a short story previously published in *Les Lettres nouvelles* in September 1957. The curtain rises on a provincial square with its grocer's shop, its café and its passers-by. Jean, a prim and rather self-satisfied creature, has a rendezvous with Bérenger, who arrives late and rather apologetic; he is dishevelled and suffering from a hangover, no match for the condescending Jean, who tries to make him see the error of his ways. Bérenger, however, somewhat indifferently resists his reformation, declaring that pleasure is necessary to help him forget the tedium of life: "Non, je ne m'y fais pas à la vie." Their argument is interrupted by a strange noise off-stage which excites the curiosity of the townsfolk. The noise is made by a rhinoceros rushing down the street, an event which arouses astonishment and stimulates discussion. A fierce argument as to whether the rhinoceros was "unicorne" or "bicorne",

Asiatic or African, brings Jean and Bérenger almost to blows; a
passing Logician states the problem for everyone in the most
complicated of language but without offering a solution; the
bystanders are agreed that rhinoceroses ought not to be allowed.
In Act II, next day, the staff of the office in which Bérenger works
is divided as to whether there had, in fact, been a rhinoceros or
whether it was a hallucination or indeed an invention, a piece of
political propaganda. The problem is partly resolved when, after
one of the clerks has failed to arrive, his wife is followed to the
office by a rhinoceros which she soon recognizes as her husband.
The staircase collapses beneath the weight of the animal and the
staff have to be rescued by the fire brigade. Next Bérenger visits
Jean, who is ill, only to see him gradually turn into a rhinoceros
before his eyes. The town becomes filled with the creatures as the
townsfolk change shape. By Act III Bérenger is afraid of being
himself transformed, though his colleague Dudard argues re-
assuringly that the rhinoceros is a natural phenomenon and not to
be feared: "Je suis tout simplement quelqu'un qui essaie de voir
les choses en face, froidement. Je veux être réaliste. Je me dis
aussi qu'il n'y a pas de vices véritables dans ce qui est naturel!"
Bérenger finds this attitude tolerant to the point of weakness and
quite unacceptable. We are not surprised therefore to see Dudard
become a rhinoceros, too. Faced with a world whose hostility has,
so to speak, been materialized in the shape of these strange mon-
sters, Bérenger clings despairingly to his fiancée, Daisy, who
encourages him to forget harsh realities, not to blame himself for
the fate that has overtaken Jean and their acquaintances, and to
escape into the world of the imagination. "...nous avons le droit
de vivre. Nous avons même le devoir, vis-à-vis de nous-mêmes,
d'être heureux, indépendamment de tout. La culpabilité est un
symptôme dangereux." But the world of rhinoceroses seems to
besiege them, and soon Daisy forgets her desire to cut herself off
and wants to find a compromise, a *modus vivendi*. Bérenger argues
against compromise with the rhinoceros world, saying that perhaps they alone can regenerate humanity: "Daisy, nous pouvons
faire quelque chose. Nous aurons des enfants, nos enfants en
auront d'autres, cela mettra du temps, mais à nous deux nous

pourrons régénérer l'humanité." Daisy does not want to save the world, fearing that perhaps it is they who are abnormal, and she leaves him. Then Bérenger is overcome by shame at being the only non-rhinoceros, the only monster; he is strongly tempted to change, but is incapable of it; his reaction is: "Contre tout le monde, je me défendrai, contre tout le monde, je me défendrai! Je suis le dernier homme, je le resterai jusqu'au bout! Je ne capitule pas!"

Inspired to some extent by repugnance for the wave of Fascism and Nazism that swept like a contagious disease across Europe in the inter-war years and for its later manifestations, *Rhinocéros* may appear to be a play with a political message. Certainly Ionesco feels strongly on the subject of tyrannical rule. His first encounter with Fascism on arriving in Bucharest at the age of fourteen had deeply impressed him. He talks of his horror when on the occasion of a military procession to celebrate a national festival he saw a young officer slap a spectator who had simply forgotten to take off his hat. This brutal gesture was followed later by much worse, by torture and killing, but it typified the aggressive mentality for Ionesco, who himself feels "aggressively hostile" to all aggression. Taxed with an apparent change of attitude to the theatre, Ionesco does not deny the political relevance of the play, but claims his right to express what he feels though not to dictate to his audience. Bérenger's resistance to rhinoceritis is not a political stand, it is almost instinctive, a spontaneous response, a rejection of conformity to an alien life.

> *Rhinocéros* est sans doute une pièce anti-nazie, mais elle est aussi surtout une pièce contre les hystéries collectives et les épidémies qui se cachent sous le couvert de la raison et des idées, mais qui n'en sont pas moins de graves maladies collectives dont les idéologies ne sont que les alibis... J'ai pensé avoir tout simplement à montrer l'inanité de ces terribles systèmes, ce à quoi ils mènent, comment ils enflamment les gens, les abrutissent, puis les réduisent en esclavage.[1]

But this does not involve the proposing of a contrary doctrine, conformity to a different ideology.

[1] *Notes et contre-notes*, p. 177.

To emphasize the theme and attitudes expressed in *Le Rhino-cèros* is perhaps to give a false impression of it as a serious, even tragic play; its problems are important and therefore serious, but the tone of the play is itself by turns farcical, pathetic, and tragic. The rhinoceroses, the verbal play, the logic-chopping of the Logician, the complacency of Jean, the platitudes of the grocer, as well as other features of the play, arouse laughter. It is indeed another tragic farce which can be performed in different ways: a German production emphasized the tragic aspect, while J.-L. Barrault in France played it as fantasy and terrifying farce. So long as his text and stage directions are respected, Ionesco is not prepared to lay down exactly in advance the mode of presentation, since so much in the theatre depends upon other things than the text, such as the gestures and bearing of the actors, the responses of the audience. However, the New York production did not please him; the producer added 'stage business' and transformed the play into a comedy of nonconformity. This failure to maintain any note of tragedy was for the author a betrayal of the intention of the play, in part due to the fact that the Americans were, through lack of experience of the historical events which inspired the play, unable to grasp its import.

Le Piéton de l'Air, written in the summer of 1962 and first produced by Barrault at the Odéon-Théâtre de France in February 1963, differs in tone from *Rhinocéros* and seems to have no direct political relevance. A somewhat shorter play, it is played without any division into acts or scenes against a moving backcloth; the sky itself is one of the acting areas (as in *Amédée*), and the setting is much modified by lighting effects as the play progresses and the characters see different landscapes. The theme of lightness of heart as compared with the burdens of life, of aspiration towards higher things, touched on in *Amédée*, where the name-character flies off at the end of the play, and hinted at in the dialogue of other plays, here receives much fuller treatment. At the same time there is a good deal of comedy arising from stereotyped, mechanical, and repetitive dialogue of the kind explored in *La Cantatrice chauve* and here given to a kind of chorus of English families walking in the countryside on a spring morning. In a landscape of naïve and dreamlike quality, Bérenger lives in a cottage with his family. The English pass and salute one another. A journalist comes to interview Bérenger about his writing, and the latter confesses his fatigue and his discouragement in words that seem to reveal Ionesco's own feelings:

> Je me demande également si la littérature et le théâtre peuvent vraiment rendre compte de l'énorme complexité du réel, si quelqu'un peut encore voir clair aujourd'hui chez les autres ou en lui-même. Nous vivons un cauchemar épouvantable; jamais la littérature n'a eu la puissance, l'acuité, la tension de la vie, aujourd'hui encore moins. Pour être égale à la vie, la littérature devrait être mille fois plus atroce, plus terrible. Si atroce qu'elle puisse être, la littérature ne peut présenter qu'une image très atténuée, très amoindrie de l'atrocité véritable; du merveilleux réel aussi d'ailleurs.

We could, says Bérenger, endure life if we knew we were immortal, but we know, though we try to forget it, that we must die (an attitude which will be the major theme of *Le Roi se meurt*). At this point, Joséphine, Bérenger's wife, has a dream (enacted on the stage) that her dead father is after all not dead; the funeral arrangements must be cancelled. Her daughter and her husband tell her that she has had a dream inspired by her love of her father and her wish that he should live. Darkness falls at this point, and a bomb from a passing plane destroys the Bérenger house. The families promenade again; a little boy wants to be an aviator so that he can drop bombs on houses; a little girl wants to be a singer and she is revealed as "la petite cantatrice chauve" when the boy pulls off her wig; two men regret the lives they lead; two old women talk of the coming of death—one seeking to avoid it, the other preparing for it; the ephemeral beauty of the landscape is commented on and harmonious sounds are heard in the air. All these threads of discussion are mingled contrapuntally in the text. At this point Bérenger catches a glimpse of a traveller from another world— the *Anti-monde*—though at first no-one else can see him; it seems that there must here be a crack in the invisible wall that separates the two worlds, as so often happens in Scotland and Ireland, where men see visions and have second sight. Joséphine and the daughter Marthe also catch a glimpse of the passer-by, but Bérenger's attempts at explaining what he only vaguely understands seem to them far-fetched. As they argue a pink column suddenly appears and disappears, likewise a tree and a bush, and then once again the passer-by. For all these happenings Joséphine seeks a scientific explanation whereas John Bull banishes them from his mind, but for Bérenger they are materializations, out of "le néant", of other worlds.

C'est une sorte de boîte dans laquelle entrent et de laquelle sortent tous les mondes et toutes les choses, et cependant il est tout petit... plus petit que la petitesse même puisqu'il n'a pas de dimension. Vois-tu, ces palais défunts dont témoignent les ruines seront entièrement dissous, bien sûr, mais peut-être, peut-être... et là est tout l'espoir — après avoir traversé le néant, tout sera-t-il reconstruit, restauré de l'autre côté.

This desire for ultimate perfection and restoration of what is imperfect and ephemeral in life is shared by most men, says Bérenger, who, at this moment in the play, feels physical joy and intellectual certainty as a result of the experiences he has had. Joséphine and Marthe also share it when they see a shining silver bridge appear across the valley; even the English families marvel, but they are disapproving of Bérenger's behaviour; his exuberance is so great that it raises him above the ground and he hops, skips, and flies. "C'est une coupable légèreté" which affects others. (The punning on "léger" and "élever" maintains the comic note.) Bérenger argues that we can all fly but have forgotten how, but John Bull and the Englishmen wonder if he is an enemy agent sent to undermine the country by spreading hallucinations. The scene is next transformed into a circus where, before actors and audience, Bérenger performs aerial acrobatics on a bicycle, and is soon joined by Marthe. The visions fade and Bérenger tries to communicate to others his new skill. He fails but flies off, disappearing into the sky. Joséphine, seen alone on the stage, becomes a prey to loneliness and has visions of her past unhappy childhood and of her future judgment and condemnation. Marthe tries to rescue her by reminding her that this is all subjective: "Ne te laisse pas impressionner. Il suffit de ne pas y croire." After the passing of her nightmare, Bérenger flies back no longer elated; he has seen desolation and misery beyond the earth, apocalyptic and terrifying scenes, and beyond them again, nothingness. It is on this defeat of his aspirations that the play ends.

Le Piéton de l'air was followed in the autumn of 1962 by *Le Roi se meurt* and in late 1964 by a new play, *La Faim et la Soif*. This was first performed in Düsseldorf in January 1965 and according to Ionesco is "likely to offend both Catholics and Socialists". There are three episodes connected only by the continued presence of Jean and by the theme; in the first, *La Fuite*, Jean, dissatisfied with the inferior existence he leads (though his wife loves him and he her), thirsts after a world of splendour and sets out to find it. Episode II, *Le Rendezvous*, shows him arriving on a bare, bright upland where he begs two museum-keepers for news of his beloved. He cannot describe her and they know nothing of his ideal, so that he is left with his hunger and thirst still unsatisfied. Journeying on, he comes in Episode III, *Les Messes noires de la bonne auberge*, to a wayside 'monastery', where he is made welcome by monk-like creatures who satisfy his great physical hunger and thirst and ask him to tell of his discoveries. He cannot speak lucidly of any memorable experience and the 'monks' hint that he needs 'educating'. He is then compelled to witness the tragic farce of the re-education of two prisoners, Tripp and Brechtoll. Though he is told that this is a spectacle designed purely for his amusement, the action is frightening. Through starvation and thirst, each of the prisoners is brought to swear to the opposite of his belief, Tripp professing atheism and Brechtoll deism. Jean is then required to work for his supper but the extent of his debt remains uncertain and he is not to leave until he has paid. However, from outside this apparent prison he hears (or, in an alternative ending, glimpses through a window) his wife and daughter who have not forgotten him, who still wait for him and for whom he now yearns. There this grim allegory of man's hunger and thirst comes to an end. The grotesque elements, recalling the work of Jarry, are marked, but there is much less humour, a much more sinister atmosphere than in earlier plays, although certain themes do reappear: the suffering of the individual is again contrasted with the irrelevance of collective beliefs and ideologies; the inhumanity of man to man is forcefully expressed; the mystery of life is again evoked. By contrast, in the preceding play, *Le Roi se meurt*, Ionesco had portrayed the ultimate human problem: man's attitude to death. Before studying this play in detail, however, it is worth while drawing together the threads from our chronological review of his work and stating briefly what we know of his attitude to the theatre and to life, and what he considers their true relation to be.

The Theatre and Life

As we have seen, Ionesco's first play was written not so much for the theatre as against it. In an article published in *La Nouvelle Revue française* in February 1958[1] he explains that, like everyone else, he used to go to the theatre occasionally, but that it held no magic for him. The drawing-room comedies, the banal stories based on the 'eternal triangle', did not interest him; the antics of the actors obviously impersonating others embarrassed him. Yet fiction in the novel and the cinema did not have the same effect. It seemed as though the material presence of the actors on the stage conflicted with the world of the imagination, as if two incompatible worlds were at war, the real and the imaginary.

> Un roman, c'est une histoire qu'on vous raconte; inventée ou non, cela n'a pas d'importance, rien ne vous empêche d'y croire; un film, c'est une histoire imaginaire que l'on vous fait voir. C'est un roman en images, un roman illustré... la musique c'est une combinaison de sons, une histoire de sons, des aventures auditives; un tableau, c'est une organisation ou une désorganisation de formes, de couleurs, de plans; il n'y a pas lieu d'y croire ou de n'y pas croire; il est là, il est évidence... Roman, musique, peinture, sont des constructions pures, ne contenant pas d'éléments qui leur soient hétérogènes; voilà pourquoi elles tiennent et sont admissibles... le théâtre me semblait essentiellement impur: la fiction y était mêlée à des éléments qui lui étaient étrangers; elle était imparfaitement fiction, oui, une matière

[1] Reprinted in *Notes et contre-notes*, pp. 3–22.

brute n'ayant pas subi une indispensable transformation, une mutation.

At first sight, this appears to lead inevitably to the destruction of the theatre. It seems that, whether the actor stays outside his part emphasizing his individuality or sinks himself in it attempting to give life to the author's conceptions, the theatre remains an impure mixture. Ionesco even rejects the dehumanization of the actor, recommended and practised by Bertolt Brecht, because it reduces him to the status of a pawn in the play, an instrument in the machinery of production, to which all else, including the text, is made subservient. Nostalgically Ionesco recalls his childhood absorption in the Guignol:

> J'étais là, je pouvais rester là, envoûté, des journées entières. Je ne riais pas pourtant. Le spectacle du guignol me tenait là, comme stupéfait, par la vision de ces poupées qui parlaient, qui bougeaient, se matraquaient. C'était le spectacle même du monde, qui, insolite, invraisemblable, mais plus vrai que le vrai, se présentait à moi sous une forme infiniment simplifiée et caricaturale, comme pour en souligner la grotesque et brutale vérité.[1]

The parody of the theatre in the anti-play *La Cantatrice chauve* expresses this rejection: there is a realistic setting, but the clock strikes twenty-nine; Mr Martin and Mrs Martin are married, but not to one another; the bald-headed *prima donna* does not appear, but the fire chief does; the characters say ordinary things which are extraordinary in context; the maid is 'really' Sherlock Holmes, and so on. Ionesco emphasizes the disparity between the realistic and the imaginary, and transforms his characters into puppets; the illusion of life which so many thought to be the aim of the theatre is dissipated. Because it is almost impossible to remain unaware of the 'strings', the stage machinery, the remote controlling hand of the producer and the mind of the author, in later plays Ionesco brings them into the full view of the public. We know that the eggs that Jacques lays are not 'real', that the corpse in *Amédée* is not 'real', that Bérenger's flight is sustained by cords from above the stage. And Ionesco prefers the cords to be thick ropes visible

[1] *Notes et contre-notes*, p. 8.

to the audience, rather than invisible nylon strings. It is not, then, the destruction of the theatre that Ionesco seeks at first, but a rejection of realism and a freeing of the theatre from outworn conventions. As he experiments, his views change, because in fact he has few preconceived views about what theatre should be. It was the critics who called him an 'avant-garde' writer and attributed positive intentions to him. His own intentions were initially disruptive and experimental, not directed towards the creation of a particular kind of drama.

"On peut tout oser au théâtre, c'est le lieu où l'on ose le moins."[1] In the twentieth century experiment had rediscovered painting, freed it from story-telling and photographic reproduction of the real. Similarly, experiment had revitalized music, had added to poetry a new realm of experience in the dream explored by Surrealism. The twentieth century had brought developments and renewal in all the arts except in drama, where the old conventions still ruled, however daring producers had been in their diverse efforts to bring new life into the theatre, however hard writers strove, either to be literary and subtle or topical and philosophic. "Toutes les pièces qui ont été écrites, depuis l'antiquité jusqu'à nos jours, n'ont jamais été que policières. Le théâtre n'a jamais été que réaliste et policier. Toute pièce est une enquête à bonne fin. Il y a une énigme qui nous est révélée à la dernière scène",[2] says Choubert, and with some exaggeration he echoes his creator's views.

Je ne veux avoir d'autres limites que celles des possibilités techniques de la machinerie. On m'accusera de faire du music-hall, du cirque. Tant mieux: intégrons le cirque! On peut accuser l'auteur d'être arbitraire: mais l'imagination n'est pas arbitraire, elle est révélatrice. Sans la garantie d'une liberté totale, l'auteur n'arrive pas à être soi-même, il n'arrive pas à dire autre chose que ce qui est déjà formulé.[3]

Ionesco accepts the title 'avant-garde' only as meaning breach with the past, rejection of rules and traditionalism, in favour of

[1] *Notes et contre-notes*, p. 32.
[2] *Victimes du devoir, Théâtre I*, p. 179.
[3] *Notes et contre-notes*, p. 32.

The setting by Jocelyn Herbert for George Devine's English
production, first seen at the Edinburgh Festival in September 1963.

Photo: John Cook

A scene from the original French production at the Théâtre de
l'Alliance Française, directed by Jacques Mauclair (December 1962).

Photo: Photo Pi

Two scenes from the original French production, with Jacques Mauclair as the King, Reine Courtois as Marie and Tsilla Shelton as Marguerite.

originality and rediscovery of the Great Tradition, human truth. The only rules to be obeyed are those which arise out of the play, and these change with every new play, every experiment, every effort to express what the author feels as a man. Inevitably, novelty and research will alienate the public, which wishes to hear what it is used to hearing. The avant-garde writer will reach only a minority and cannot at first be popular. He cannot be involved in what Ionesco considers to be the misguided and patronizing attempts of some producers to create a People's Theatre, for this means trying to educate the masses into accepting the canons and conventions of the past, of the classics, or sometimes into accepting particular ideologies, political or religious. "Mais il y a populaire et populaire. On considère, à tort, que le théâtre 'populaire' doit être un théâtre pour intellectuellement faibles; et nous avons le théâtre de patronage ou didactique, un théâtre d'édification, primaire... instrument d'une politique."[1]

The artist's business is not to teach or edify but to question and reveal, to seek truth. In so doing, he will create the truly popular theatre, the theatre of the people, of men who are like himself. Victor Hugo wrote in anger at those who attacked him for his 'lyricism': "Insensés; quand je vous parle de moi, je vous parle de vous." Ionesco's attitude is similar: the writer's task is to talk of what he feels within himself, secure in the knowledge that he thus expresses what other men may feel. He must give expression to the *monde intérieur*, the world of emotion, anguish, dream, hope, and imagination.

Le théâtre est, pour moi, la projection sur scène du monde de dedans: c'est dans mes rêves, dans mes angoisses, dans mes désirs obscurs, dans mes contradictions intérieures que, pour ma part, je me réserve le droit de prendre cette matière théâtrale. Comme je ne suis pas seul au monde, comme chacun de nous, au plus profond de son être, est en même temps tous les autres, mes rêves, mes désirs, mes angoisses, mes obsessions ne m'appartiennent pas en propre; cela fait partie d'un héritage ancestral, un très ancien dépôt, constituant le domaine de toute l'humanité.[2]

[1] *Ibid.*, p. 30.   [2] *L'Impromptu de l'Alma, Th. II*, p. 57.

This highly personal 'matter' of the play is at the same time universal: the human condition. The attitude is, however, different from
that of Sartre and of other 'committed' writers who in their works
body forth their philosophies, arranging situations and character
confrontation so as to present to the audience a conflict of ideas
and a suggested resolution of the problems, an ethic at least. As
his controversy with the English critics led by Kenneth Tynan
has shown us, Ionesco rejects the play of ideas and ideological
commitment, preferring even in *Rhinocéros* with its political
undertones to present the problem of conformity rather than to
persuade his audience to accept a particular conformity.

Something of the dreams and desires, the anguish and the contradictions which Ionesco himself experiences and expresses in his
plays has already been glimpsed. The outstanding theme is that of
astonishment, the amazed discovery of the extraordinariness of
ordinary things. "Je regarde autour de moi, je regarde en moi, je
murmure: cela n'est pas possible, cela est trop invraisemblable, ce
n'est pas vrai, cela ne peut pas durer."[1] This sense of *étrangeté*,
of the *insolite*, is sometimes spoken of by Ionesco as an awareness
of the 'absurd', and his plays have been classed as "Theatre of the
Absurd", but here again it seems necessary to draw a distinction
between Ionesco's attitude and that of 'the philosophers of the
absurd', as they have been called. For Sartre and for Camus
the word takes on a technical sense which comprises not only the
emotional shock of discovering that the world is not rational, but
also the philosophic consequences and the ethical stand which each
one of them proposes in face of the situation. Ionesco prefers to
use a term like "incroyable": "En réalité l'existence du monde me
semble non pas absurde mais incroyable, mais à l'intérieur de
l'existence et du monde on peut y voir clair, découvrir des lois,
établir des règles 'raisonnables'. L'incompréhensible n'apparaît
que lorsqu'on remonte vers les sources de l'existence; lorsqu'on
s'installe en marge et qu'on la regarde dans son ensemble."[2]
This is much more the naïve wonder and incredulity of the child
than the angry rejection of what does not meet man's criteria. In
the plays Ionesco expresses this sense of incredulity in a variety of

[1] *Notes et contre-notes*, p. 194.   [2] *Ibid.*, pp. 194–195.

ways: the difficulty that characters find in fitting into the world around them; the bewilderment of Bérenger; fleeting moments of joy; dreams and nightmares; the feeling of being hemmed in by walls and objects; surprise at the occurrence of routine events; acceptance of the extraordinary, and so on.

The amazement experienced when one becomes fully aware of the world takes for Ionesco two main forms: one he calls "évanescence", the other "lourdeur". "Chacun de nous a pu sentir, à certains moments que le monde a une substance de rêve, que les murs n'ont plus d'épaisseur, qu'il nous semble voir à travers tout, dans un univers sans espace, uniquement fait de clartés et de couleurs."[1] This sense of the fragility of the world, of being in an unknown land, will create a feeling of dizziness, of being lost, and may bring with it anguish. But it may also bring joy, for it gives a sense of weightlessness, of delight in being free; one becomes aware of the illusoriness of things and people, of the unimportance of events and behaviour; freed from constraints and pressures, one sees everything in a new and dazzling light. The flight of Amédée and of Bérenger, the new quarter in *Le Tueur* are expressions of this aspect of life. Such a state of happiness and delight in finding oneself in a world that is not aggressive is briefer and less frequent than the contrary state. "Je suis, le plus souvent, sous la domination du sentiment opposé: la légèreté se mue en lourdeur; la transparence en épaisseur; le monde pèse; l'univers m'écrase. Un rideau, un mur infranchissable s'interpose entre moi et le monde, entre moi et moi-même, la matière remplit tout, prend toute la place, anéantit toute liberté sous son poids, l'horizon se rétrécit, le monde devient un cachot étouffant."[2] In the plays, this is expressed in the gloom of Madeleine and the invading corpse in *Amédée*, the unknown assassin, the politicians, the obstructive police in *Le Tueur*, the inability of John Bull and the Englishmen to fly in *Le Piéton*, the brute weight of the rhinoceroses, the proliferation of objects (eggs, furniture, mushrooms, etc.) together with the sense of oppression and despair common to many scenes.

These antitheses, lightness and weight, joy and sadness, are continued in other pairs: dream and nightmare, hope and despair,

[1] *Ibid.*, p. 140.   [2] *Ibid.*, p. 141.

resignation and fear. Such contradictions are part of human experience and not to be resolved into simple statements. Life is not simple; only Boy Scouts and Brechtians find it so, says Ionesco mockingly. Contradiction and truth are therefore closely linked; contraries co-exist, and so the truth lies not in compromise but in recognition of complexity and uncertainty. That is why so often in the plays characters seem to contradict themselves according to our ordinary rules of logic. Consistency and coherence are artificial and unreal products, abstractions produced by the intellect, not qualities of the world and of our experience. We laugh and we cry, life is painful but worth while, things are so tragic that you have to laugh. We have intimations of joy, aspirations towards happiness: "Une nostalgie profonde, poignante. Je suis torturé par des désirs sans nom, par des choses que j'ai perdues à jamais, que je n'ai jamais eues, jamais vues, dont je n'ai jamais su ce qu'elles sont."[1] But these aspirations are never fulfilled. We live and we die: "Ce n'est pas absurde de vivre pour mourir, c'est ainsi."[2] Death is a fact we must face, and in *Le Roi se meurt* Ionesco expresses the common man's reluctance to face it.

Ionesco's attitude, then, is one of lucid but amazed recognition of the facts of man's life on earth, and he expresses the emotions aroused by them in most men, without attempting to construct either a philosophy to reconcile the contradictions, an ethic of revolt, or a political ideology aimed at improving man's material lot. "Aucune société n'a pu abolir la tristesse humaine, aucun système politique ne peut nous libérer de la douleur de vivre, de la peur de mourir, de notre soif de l'absolu."[3] The truth about the human condition is not social or political or intellectual, it is concerned with man's anguish, his nostalgia, his aspirations, his thirst for love. It is discoverable through the imagination rather than through the reason, and it is therefore more truly revealed by the artist than by the politician or the scientist. "Notre vérité est dans nos rêves, dans l'imagination. . . . Il n'y a de vrai que le mythe."[4] The artist apprehends reality directly and expresses it in a way that no change in philosophic fashion can invalidate. To his personal

[1] *Printemps 1939*, in *La Photo du Colonel*, pp. 176–177.
[2] *Notes et contre-notes*, p. 204.   [3] *Ibid.*, p. 73.   [4] *Ibid.*, p. 4.

or satirical effect. Slogans are shown to be empty of meaning when they are triumphantly uttered in incongruous situations. Meanings are seen to be deliberately obscured for propagandist purposes, as when the political agitator in *Le Tueur* calls for change and reform; we realize that these are labels convenient for the manipulators of the masses, but they are being used without real significance. Satire emerges when conversations are seen to consist of unrelated stock phrases, or when the conversations of different sets of characters happen to chime together on some chorus-like echoing platitude. Ionesco also achieves pure fun with word associations and punning. Lists of names incongruously end with their opposites, and even with invented nonsense words, as the characters grow drunk with sound. Technical terms will proliferate; spoonerisms will make nonsense of commonsense affirmations. Laughter then, though never far from seriousness, is abundant in Ionesco, bringing lucidity, detaching us from the banal and the empty, and so assuring our freedom to respond truly.

However, in the theatre words are only a part of the language of which the author disposes. Gesture, movement, costume, décor, machinery are further and important means at his command. "Mais tout est langage au théâtre: les mots, les gestes, les objets, l'action elle-même, car tout sert à exprimer, à signifier. Tout n'est que langage."[1] This explains why Ionesco is willing to accept cuts and changes in his printed text if his effect can be achieved in other ways, but it also explains the attention he gives to carefully explained directions on staging, movement, and gesture. The last speech of Bérenger in *Le Tueur sans gages* must, it seems, be acted rather than said, so as to convey the gradual disarticulation of Bérenger, his slow decomposition and final deflation. Elsewhere, the producer is told to aim at a 'guignol' effect or else a ritualistic movement. Similarly, great attention is paid to the use of lighting and stage machinery to effect changes of scene, of mood, of tempo, even of character. Cracks appear in walls and ceilings, doors, staircases and windows collapse, indicating the collapse or ruin of the character's world. Objects proliferate or grow. Characters are transformed: in *Le Tableau* the ugly sister becomes a beautiful

[1] *Notes et contre-notes*, p. 116.

experience of life he gives objective expression: "J'ai essayé d'extérioriser l'angoisse de mes personnages dans les objets, de faire parler les décors, de visualiser l'action scénique, de donner des images concrètes de la frayeur, ou du regret, du remords, de l'aliénation...."[1] If the artist is spontaneous, sincere and profound, the result is an abiding work of art. Shakespeare, for example, does not offer solutions but questions and facts of experience: "Et c'est de l'ampleur, de la profondeur, de l'acuité de sa vision vraiment philosophique, de sa philosophie vivante que résulte sa grandeur."[2]

The view of art as revelation, of which the modes are imagination and dream, explains the frequency with which the life of the mind replaces so-called objective reality in the plays. "...lorsque je rêve je n'ai pas le sentiment d'abdiquer la pensée. J'ai au contraire l'impression que je vois, en rêvant, des vérités, qui m'apparaissent des évidences, dans une lumière plus éclatante, avec une acuité plus impitoyable qu'à l'état de veille, où souvent tout s'adoucit, s'uniformise, s'impersonnalise."[3] For the world is subjective and each man's truth is made of his dreams as well as his thoughts; the world of each one of us is what we personally experience. Consequently, different worlds coexist and this leads in the plays to clashes, sudden jarrings and changes of mood as the audience is admitted or even thrust suddenly into realms of experience different from those that it is accustomed to, just as in *Victimes du devoir* or *Le Piéton de l'air* different planes of living (waking, dream, memory, hallucination) rapidly succeed one another.

From an author who finds life inconsequential and has seen the presence on the stage of the flesh-and-blood actor as an element disruptive of the play, it would be foolish to expect characters who behave like the reasoning, conscious, coherent creatures of Sartre or Racine. And indeed the characters in Ionesco's plays, though not puppets, are scarcely individuals; their names are significant: Jacques I and II, Roberte I and II, Amédée, Madeleine, le professeur, l'élève, Bérenger, le journaliste, John Bull and so on. Ionesco makes no attempt to give them marked individuality and

[1] *Ibid.*, p. 86.   [2] *Ibid.*, p. 22.   [3] *Ibid.*, p. 93.

realistic qualities. They are generalized representations of human attitudes or experience. But it is not that they are disembodied spirits or that they lack inner life; on the contrary, they are the materializations of inner life, or in some cases of inner emptiness. The pompous Jean represents a different attitude from that of Bérenger, and it is this which distinguishes them in the play *Rhinocéros*, not their physical, moral or intellectual qualities, not their place in society and their work. However, characters may and do change. Some indeed are not so much fixed as evolving; theirs are attitudes of inquiry and of quest. Such characters as Amédée and Bérenger speak less of what they know, do, and are than of what they seek; their confessions are not so much of deeds as of desires and fears. Ionesco is not concerned with motives for action, but with something deeper-seated. Psychological analysis has therefore no place in these plays. The characters are moving, or ridiculous, or sometimes tragic, but never explained; they remain mysterious, like facts. Some are caricatures, such as the Logician or Jean. He represents *le petit bourgeois*, defined by Ionesco not as the member of a particular social class but as *l'homme dirigé*, the man who echoes slogans and never thinks for himself. Other characters are the incarnation of tyranny or hypocrisy or greed. They are generally satirized, but it is an attitude, not a class or a political programme, that is the object of attack. Yet others, and they are more attractive in their simplicity and bewilderment, remind us of ourselves, the 'little man', everyman.

The language of the plays is designed not only to reveal these attitudes but also to communicate to the audience something of the strangeness as well as of the banality of life. At the same time Ionesco deliberately contrives to produce comic effects from the dialogue of his characters. It has been said that his early plays offer a tragic view of the failure of human communication, of the inadequacy of language and the incapacity of men to enter into communion one with another. For other modern writers, too, this is an important aspect of life: Proust's characters are shut up and unsure of themselves; in society they take on the features that others attribute to them so that there seems to be no central core of personality. Sartre has expressed a similar idea, emphasizing

the damaging effect on the individual of the 'face' and 'attitude' that others impose on him. For Malraux, the fraternity and solidarity of men can usually find no more eloquent expression than the mute gesture of the friendly arm laid on the shoulder. Ionesco certainly makes us aware, for example in *Les Chaises*, of the enormous difficulty of communication; we see the failure of the old man and of the Orator to transmit their messages. However, Ionesco repudiates the view that communication is impossible and language totally inadequate. After all, as he points out, he writes plays directed at an audience. None the less communication is extremely difficult, and it is a fact of experience that men feel themselves isolated and imprisoned, unable to convey to others what they dimly feel and vaguely know. This is expressed in the hesitations, stumblings and banalities of the dialogue. Banality symbolizes non-communication: "Derrière les clichés l'homme se cache."[1] Laughter enables us to pierce the surface, to strip off the hard, confining crust. Serious people are often ridiculous because their attitudes have hardened and congealed; they are 'figés'. To make fun of them is to reveal what lies beneath, as Molière did. In France the most important things have been said in comedy, says Ionesco,[2] and Molière is the most tragic of authors. Without adaptability and flexibility, without an openness to life, we are prevented from seeing it lucidly and enjoying it freely. Here, then, laughter is therapeutic.

As well as manipulating language to provide humour, Ionesco delights in exploiting its resources, but he also plays with language for another reason. This is connected with his desire to revitalize the drama. As we have seen, he was bored with the conventional theatre and its stereotyped dialogue. The attack on clichés is extended to inflated language, *la littérature*: the investing of ordinary situations and responses with a spurious importance by the use of rhetoric. The work of destruction needed a parallel constructive effort, and this Ionesco has made by emphasizing variety of tone and vocabulary, and appropriateness of expression to the matter, at the same time as exploiting words for purely comic

1 *Notes et contre-notes*, p. 204.
2 BBC interview, broadcast December 12th, 1964.

woman and the painter a Prince Charming, as in a fairy tale; in *Rhinocéros*, one after another, characters turn into rhinoceroses.

In other words, Ionesco calls on all the devices of stagecraft and all the resources of language to create his plays, with the aim not solely of expressing a view of life but also of disrupting the accepted. By mingling the comic and the tragic, the pompous and the trivial, the real and the imaginary, he seeks to awaken the audience from its torpor to an awareness of the strangeness of life and the urgency of the questions so often eluded. Every play he writes is an adventure for him as well as for us: "...une chasse, une découverte d'un univers qui se révèle à moi-même, de la présence duquel je suis le premier à être étonné."[1] And this spiritual adventure in all its complexity and with all its contradictory features is materialized on the stage. "L'œuvre est l'expression d'une vue, cette vue prend corps... elle est en même temps invention et découverte, imaginaire et réelle, utile et inutile, nécessaire et superflue, objective et subjective, littérature et vérité."[2]

Le Roi se meurt

Written at the end of 1962 and first performed in Paris in the small theatre of the *Alliance française* in December of the same year, *Le Roi se meurt* treats of death and man's attitude to it, a theme which is central to human questionings and a major preoccupation of Ionesco. "J'ai toujours été obsédé par la mort. Depuis l'âge de quatre ans, depuis que j'ai su que j'allais mourir, l'angoisse ne m'a plus quitté. C'est comme si j'avais compris tout d'un coup qu'il n'y avait rien à faire pour y échapper et qu'il n'y avait plus rien à faire dans la vie."[3] Death is frequently touched on in earlier works, but its greater importance in this play stems also from the fact that Ionesco had been seriously ill and had known the imminence of death. Here again it is personal experience that is the

[1] *L'Impromptu de l'Alma, Théâtre II*, p. 13.
[2] 'L'Auteur et ses problèmes', in *Revue de métaphysique et de morale*, October–December 1963, p. 419.
[3] *Notes et contre-notes*, p. 204.

basis of the play, which is directed not to teaching his audience what he discovered but to working out his own attitude to death, "pour me faire la leçon à moi-même".

The story tells of the coming of death to King Bérenger, of the invasion of his world by time and decomposition. His attempt to deny the facts is not only unworthy of the proud and capable ruler he has been, but is in the last resort vain. Death will not be denied and Bérenger must compose himself to face it.

Structurally, the play is simple. After the initial and formal presentation of the characters to the audience by the Guard, we learn that the kingdom is in ruins and the palace decrepit. The two Queens are at odds over an event that is both expected and feared. Suspense is maintained by their debate whether or not to tell the King and by our ignorance of the nature of the event. When at last the truth is revealed, the King will not accept it. Though all about him is in decline he thinks that it can yet be put right, that his kingdom can be restored, his power reasserted, his health regained. Refusing to recognize his mortality, he imagines that his ills are but passing pains, though, symbolically, he falls to the ground. Brought eventually to recognize disorder, he attributes it at first to neglect by his servants and not to his own growing infirmity. The next stage comes with his demonstrable loss of power: the orders he gives prove ineffective, for neither the Guard nor the elements obey him. The time has come for the ceremony to begin; he is inscribed on the register of the universe as dead. His Agony commences. First he asks for time, pleading ignorance of the coming of death. His excuses are refuted by Marguerite, who tells him that like all men he lived avoiding the thought of death, whereas a king should show himself more far-sighted than ordinary mortals. The fallacious hopes offered by the fond and indulgent Queen Marie are also rejected by Marguerite, who summons the King to play his part and "faire une bonne mort". However, Bérenger does not know his part; like a reluctant scholar, he has not learnt his lessons and shrinks from the test. Cravenly he calls for the help of his miserable subjects, begs for a substitute to die in his place, and for a time is reduced to animal terror. He next laments the brevity of life and complains of his own weakness, but he has come to recognize that he must die. There now follows a plea for permanence, for posthumous glory, for living on in the memory of men; though this in turn gives way to revulsion at the thought that others will live when he is dead. In a frenzy of despair and rage, he wishes the whole world, the sun itself, to perish if he must die. Marie then tempts him with vain words, offering new definitions of existence and joy and suggesting that he content himself with the experience of the moment or of the past, taking no thought for the morrow. It is too late; the King no longer understands. He calls upon the living to pity him, upon the dead to help him, and there follows a litany of supplications which echoes the prayers for the dying of Catholic ritual. Now Queen Marguerite must help him to die; he must withdraw into himself and release his hold on life. With her aid he must give birth to death. For a moment more he struggles to strut upon life's stage only to fall again, three times, and to be put into a wheelchair that is a caricature of his throne. Though physically impotent, he still dwells on the pleasures of life, even the homeliest of dishes and the most trivial of experiences. The maid's toil and wretchedness are his envy, for they are life. To Marie's reminder of their love he is, however, deaf, for love has now become for him no more than love of self. He is a pitiful wreck, contrasting with the powerful leader whose praises are now extolled by the Guard in a funeral oration in which Bérenger fails to recognize his own heightened portrait. As his physical terror diminishes, Marguerite relieves him of the burdens and cares of life so that he can stand again; she breaks the threads of his attachment to life and guides him on his journey through the Valley of the Shadow of Death. Those he has known fade from his sight and disappear from the stage, and, as his powers of sight and hearing gradually diminish, Marguerite, the last of his companions and subjects, vanishes too. The dead King sits alone enthroned in his decaying palace which fades away in its turn, leaving a solitary figure on an empty stage—an image of man's final destitution and disappearance.

The development follows a simple and continuous line of initial mystery followed by mounting terror and anguish that give way to revolt, resignation, and death. The conventional divisions of a play into acts and scenes are here replaced by stages in Bérenger's journey. Ionesco has, in fact, devised a new tragic form. A tragedy is the artistic expression of the inevitable, he argues, reverting to an ancient tradition which sees the mainspring of tragedy in the spectacle of man's helplessness in the face of destiny rather than in a flaw in character that brings the world down upon the hero's head or in any chance conjunction of events that entrap the hero. "On ne peut trouver de solution à l'insoutenable, et seul ce qui est insoutenable est profondément tragique, profondément comique, essentiellement théâtre."[1]

The conflict necessary to sustain dramatic interest is here two-fold; the rivalry between the two Queens and the struggles of Bérenger to ignore, postpone or avert his fate. That the ending to these struggles is known in advance to the audience is of little importance, for what holds our attention is the fact and the nature of the conflict. The terror and mystery of the slow march of inevitable death as it overcomes Bérenger's defences and invades his world, which dissolves before our eyes, is drama enough. But we are also gripped as we see him emerging to confront his doom, stripped of majesty, naked and defenceless.

Bérenger is King in the little world which he has created and which he sustains by his energy and imagination. As he grows old and weary, so his realm declines, and this is expressed in the play in terms of physical decrepitude and neglect: cracks spread and spiders multiply; the creatures of his rule—his ministers and people—grow enfeebled and diminish. Marie, his second love, who is all fond hope and eagerness for life, is now less help to him than Marguerite, the love of his prime, who is keenly aware of death. Her clear-sightedness reveals the truth, and her courage and dignity guide him at last to a peaceful acceptance of death. It is not necessary to identify the two Queens as symbolic figures representing Love and Duty or other such virtues; it is however clear that they are in some measure representative of contrasting values and attitudes that Bérenger himself has at different times prized. Nor should we seek to identify as symbols the Doctor, the Guard, or

[1] *Notes et contre-notes*, p. 7.

the Nurse. In the play they serve to externalize the conflict within Bérenger as well as to comment and to describe; their function is to inform us about his kingdom and his rule, his past and his present, as well as to stress and clarify the issues raised. None of the characters is highly individualized or deeply analysed; they exist only in the drama they express and are not separable from it. The play is not simply about people known as Bérenger or the Queens or the Doctor; they are vehicles of the theme, which is the coming of death to man. That is to say that the death of King Bérenger is the death of Everyman, and the tragedy of Bérenger is the tragedy of Everyman. The play mirrors the lot of all men, and its tenor is universally applicable at whatever level of interpretation it is considered—as a drama of real characters, as a play of symbols, or indeed as a debate within the mind of a dying man.

Unified though the argument is, there is in the play considerable variety of tone. It has more eloquence and less inconsequential quipping than other works of Ionesco. To some extent this may be because it was dictated to a stenographer instead of being written, with the result that as he composed Ionesco was addressing an audience aloud and in person. Another reason is to be found in Ionesco's continued desire for experiment and his search for the form of expression appropriate to the theme, which is here simpler and more profound than in many of the plays. Yet here as elsewhere comedy keeps breaking in. There is incongruity and punning, familiarity of speech and unexpected preciseness; there is word invention and mock erudition, repetition and ritual, to say nothing of irony and flat contradiction. In part this is because the lot of man is so tragic that it cannot always be taken entirely seriously, as Ionesco would say, and in part because we must be made to see that Bérenger should not be taken too seriously in his posturings and writhings. His rhetoric must be deflated. He must be shown to be a man like other men. His kingdom must be seen as his own creation, in part magnificent, in part ridiculous. The fate which overtakes him is not to be thought tragic because he is a king; he is weak and vain, ridiculous and pathetic by turns, sometimes cowardly, and finally simple and unaffected. He is not then a great king; he is but an ordinary man, king only in his own private world, as all men are. His fall is not more resounding than that of other men, his lot no more and no less tragic than that of other men. Humour in this play has therefore two important functions. It heightens tragedy by contrast: "La lumière rend l'ombre plus obscure, l'ombre accentue la lumière... Le comique étant l'intuition de l'absurde, il me semble plus désespérant que le tragique."[1] It diminishes the hero to normal stature. Because the hero is not heroic we are not lost in admiration; we not only judge his attitudes and reflect upon his ending but readily recognize ourselves in him. His cowardice is ours, and we are embarrassed for ourselves as well as for him. Seeing him painfully recover his shreds of dignity under the tutelage of Marguerite, we too perhaps may recognize the inevitability and the mystery of death. There is no explanation offered, nor are we incited to revolt, which is how some writers would have their audience respond. Instead the play shows the fact that life is an 'impasse'; the most one can do is to "faire une bonne mort", not in the sense of reconciliation with God, but in the sense of dying with dignity.

Whereas in *La Cantatrice chauve* Ionesco had parodied the theatre, in *Le Roi se meurt* he creates a tragic play that is classic in its simplicity, universal in its theme. No doubt he will continue to experiment, but we may feel that here he has succeeded in fulfilling one of his ambitions: to strip plot of all its incidentals, character of all that is idiosyncratic, dramatic conflict of all that is explanation and description, to write, that is, a 'pure' drama: "Un théâtre non pas symboliste mais symbolique; non pas allégorique, mais mythique; ayant sa source dans nos angoisses éternelles."[2]

[1] *Notes et contre-notes*, pp. 13–14.   [2] *Ibid.*, p. 206.

Select Bibliography

Works of Ionesco

Théâtre I:
>   *La Cantatrice chauve, La Leçon, Jacques ou La Soumission, Les Chaises, Victimes du devoir, Amédée ou Comment s'en débarrasser* (Gallimard, 1954)

Théâtre II:
>   *L'Impromptu de l'Alma, Tueur sans gages, Le Nouveau Locataire, L'Avenir est dans les œufs, Le Maître, La Jeune Fille à marier* (Gallimard, 1958)

Théâtre III:
>   *Rhinocéros, Le Piéton de l'air, Délire à deux, Le Tableau, Scène à quatre, Les Salutations, La Colère* (Gallimard, 1963)

Théâtre IV:
>   *Le Roi se meurt, La Soif et la Faim, La Lacune, Le Salon de l'automobile, L'oeuf dur, Pour préparer un œuf dur, Le jeune homme à marier, Apprendre à marcher* (Gallimard, 1966)

La Photo du colonel (récits) (Gallimard, 1962)
Notes et contre-notes (Gallimard, 1962)
Journal en miettes (Mercure de France, 1967)
Présent passé, passé présent (Mercure de France, 1968)

Critical Works

BONNEFOY, C. *Entretiens avec Eugène Ionesco* (Ed. P. Belfond, 1966)
BENMUSSA, S. *Ionesco* (Seghers, 1966)
COE, R. N. *Ionesco* (Oliver and Boyd, 1961)
SENART, P. *Ionesco* (Ed. Universitaires, 1964)
GUICHARNAUD, J. *Modern French Theatre* (Yale U.P., 1961)
PRONKO, L. C. *Avant-Garde: The Experimental Theatre in France* (Cambridge U.P., 1962)

LE ROI SE MEURT

Note de l'auteur pour cette édition

Chacun d'entre nous est au centre du Monde. Chacun d'entre nous est un roi. Se séparer de l'existence à laquelle nous nous sommes tellement habitués, que vivre nous semble une chose normale; s'arracher au nid douillet dans lequel nous nous sommes enfoncés, cela constitue un effort douloureux, pénible, c'est comme le réapprentissage d'un état perdu, de connaissances oubliées. La Reine Marguerite aide Le Roi à se déshabituer de vivre; les mauvaises habitudes sont tenaces; cette difficulté de non-exister doit être surmontée, c'est cette bataille qui est décrite dans la pièce.

Paris, le 26 janvier, 1965

Eugène Ionesco

PERSONNAGES

BÉRENGER IER, *le Roi*

LA REINE MARGUERITE, *première épouse du roi Bérenger Ier*

LA REINE MARIE, *deuxième épouse du roi Bérenger Ier*

LE MÉDECIN, *qui est aussi chirurgien, bourreau, bactériologue et astrologue*

JULIETTE, *femme de ménage, infirmière*

LE GARDE

The play was first performed on December 15th, 1962, at the Théâtre de l'Alliance Française in Paris (Production—Jacques Mauclair; décor and costumes—Jacques Noël; music—Georges Delerue).

An English version, *Exit the King*, was performed at the Edinburgh Festival in September 1963 by the Royal Court Company directed by George Devine.

DÉCOR

Salle du trône, vaguement délabrée, vaguement gothique. Au milieu du plateau,* contre le mur du fond, quelques marches menant au trône du Roi. De part et d'autre de la scène, sur le devant, deux trônes plus petits qui sont ceux des deux Reines, ses épouses.

A droite de la scène, côté jardin,* au fond,* petite porte menant aux appartements du Roi. A gauche de la scène, au fond, autre petite porte. Toujours à gauche, sur le devant, grande porte. Entre cette grande porte et la petite, une fenêtre ogivale. Autre petite fenêtre à droite de la scène; petite porte sur le devant du plateau, du même côté. Près de la grande porte, un vieux garde tenant une hallebarde.

Avant le lever du rideau, pendant que le rideau se lève et quelques instants encore, on entend une musique dérisoirement royale,* imitée d'après les Levers du Roi* *du XVIIe siècle.*

---

* An asterisk in the text indicates that the word or phrase so marked is commented on in the *Notes* beginning on p. 116

LE GARDE, *annonçant*.* Sa Majesté, le roi Bérenger Ier. Vive le Roi !

Le Roi, d'un pas assez vif, manteau de pourpre, couronne sur la tête, sceptre en main, traverse le plateau en entrant par la petite porte de gauche et sort par la porte de droite au fond.

LE GARDE, *annonçant*. Sa Majesté, la reine Marguerite, première épouse du Roi, suivie de Juliette, femme de ménage et infirmière de Leurs Majestés. Vive la Reine !

Marguerite, suivie de Juliette, entre par la porte à droite premier plan et sort par la grande porte.

LE GARDE, *annonçant*. Sa Majesté, la reine Marie, seconde épouse du Roi, première dans son cœur, suivie de Juliette, femme de ménage et infirmière de Leurs Majestés. Vive la Reine !

La reine Marie, suivie de Juliette, entre par la grande porte à gauche et sort avec Juliette par la porte à droite premier plan. Marie semble plus belle et plus jeune que Marguerite. Elle porte la couronne et un manteau de pourpre. Elle a des bijoux. Son manteau a un style plus moderne et a l'air de provenir d'un grand couturier. Entre, par la porte du fond à gauche, le Médecin.*

LE GARDE, *annonçant*. Sa Sommité,* monsieur le Médecin du Roi, chirurgien, bactériologue, bourreau et astrologue à la Cour. (*Le Médecin va jusqu'au milieu du plateau puis, comme s'il avait oublié quelque chose, retourne sur ses pas et sort par la même porte. Le Garde reste silencieux quelques moments. Il a l'air fatigué. Il pose sa hallebarde contre le mur, souffle dans ses mains pour les réchauffer.*) Pourtant, c'est l'heure où il doit faire chaud. Chauffage, allume-toi.* Rien à faire, ça ne marche pas. Chauffage, allume-toi. Le radiateur reste froid. Ce n'est pas ma faute. Il ne m'a pas dit qu'il me retirait la délégation du feu !* Officiellement, du moins.

Avec eux, on ne sait jamais. (*Brusquement, il reprend son arme. La reine Marguerite fait de nouveau son apparition par la porte du fond à gauche. Elle a une couronne sur la tête, manteau de pourpre pas très frais. Elle est sans âge, elle a un air plutôt sévère. Elle s'arrête au milieu du plateau sur le devant. Elle est suivie de Juliette.*) Vive la Reine!

MARGUERITE, *à Juliette, regardant autour d'elle.* Il y en a de la poussière. Et des mégots par terre.

JULIETTE. Je viens de l'étable, pour traire la vache, Majesté. Elle n'a presque plus de lait. Je n'ai pas eu le temps de nettoyer le living-room.*

MARGUERITE. Ceci n'est pas un living-room. C'est la salle du trône. Combien de fois dois-je te le dire?

JULIETTE. Bon, la salle du trône, si Sa Majesté le veut. Je n'ai pas eu le temps de nettoyer le living-room.

MARGUERITE. Il fait froid.

LE GARDE. J'ai essayé de faire du feu, Majesté. Ça ne fonctionne pas. Les radiateurs ne veulent rien entendre. Le ciel est couvert, les nuages n'ont pas l'air de vouloir se dissiper facilement. Le soleil est en retard. J'ai pourtant entendu le Roi lui donner l'ordre d'apparaître.

MARGUERITE. Tiens! Le soleil n'écoute déjà plus.

LE GARDE. Cette nuit, j'ai entendu un petit craquement. Il y a une fissure dans le mur.

MARGUERITE. Déjà? Ça va vite. Je ne m'y attendais pas pour tout de suite.

LE GARDE. J'ai essayé de la colmater avec Juliette.

JULIETTE. Il m'a réveillée au milieu de la nuit. Je dormais si bien!

LE GARDE. Elle est apparue de nouveau. Faut-il essayer encore?

MARGUERITE. Ce n'est pas la peine. Elle est irréversible. (*A Juliette.*) Où est la reine Marie?

JULIETTE. Elle doit être encore à sa toilette.

MARGUERITE. Bien sûr.

JULIETTE. Elle s'est réveillée avant l'aube.

MARGUERITE. Ah! Tout de même!

JULIETTE. Je l'entendais pleurer dans sa chambre.

MARGUERITE. Rire ou pleurer: c'est tout ce qu'elle sait faire. (*A Juliette.*) Qu'elle vienne tout de suite. Allez me la chercher.

Juste à ce moment, paraît la reine Marie, vêtue comme il est dit plus haut.

LE GARDE, *une seconde avant l'apparition de la reine Marie.* Vive la Reine!

MARGUERITE, *à Marie.* Vous avez les yeux tout rouges, ma chère. Cela nuit à votre beauté.

MARIE. Je sais.

MARGUERITE. Ne recommencez pas à sangloter.

MARIE. J'ai du mal à m'en empêcher, hélas!

MARGUERITE. Ne vous affolez pas, surtout. Cela ne servirait à rien. C'est bien dans la norme des choses, n'est-ce pas? Vous vous y attendiez. Vous ne vous y attendiez plus.

MARIE. Vous n'attendiez que cela.

MARGUERITE. Heureusement. Ainsi, tout est au point. (*A Juliette.*) Donnez-lui donc un autre mouchoir.

MARIE. J'espérais toujours...

MARGUERITE. C'est du temps perdu. Espérer, espérer! (*Elle hausse les épaules.*) Ils n'ont que ça à la bouche et la larme à l'œil. Quelles mœurs!

MARIE. Avez-vous revu le médecin? Que dit-il?

MARGUERITE. Ce que vous connaissez.

MARIE. Peut-être qu'il se trompe.

MARGUERITE. Vous n'allez pas recommencer le coup de l'espoir.* Les signes ne trompent pas.

MARIE. Peut-être les a-t-il mal lus.

MARGUERITE. Les signes objectifs ne trompent pas. Vous le savez.

MARIE, *regardant le mur.* Ah! Cette fissure!

MARGUERITE. Vous la voyez! Il n'y a pas que cela.* C'est votre faute s'il n'est pas préparé, c'est votre faute si cela va le surprendre. Vous l'avez laissé faire, vous l'avez même aidé à s'égarer. Ah! La douceur de vivre. Vos bals, vos amusettes, vos cortèges; vos dîners d'honneur, vos artifices et vos feux d'artifice, les noces* et vos voyages de noces! Combien de voyages de noces avez-vous faits?

MARIE. C'était pour célébrer les anniversaires du mariage.

MARGUERITE. Vous les célébriez quatre fois par an. «Il faut bien vivre», disiez-vous... On ne doit pas oublier.

MARIE. Il aime tellement les fêtes.

MARGUERITE. Les hommes savent. Ils font comme s'ils ne savaient pas! Ils savent et ils oublient. Lui, il est roi. Lui, il ne doit pas oublier. Il devait avoir le regard dirigé en avant, connaître les étapes, connaître exactement la longueur de sa route, voir l'arrivée.

MARIE. Mon pauvre chéri, mon pauvre petit roi.

MARGUERITE, *à Juliette.* Donnez-lui encore un mouchoir. (*A Marie.*) Un peu de bonne humeur, voyons. Vous allez lui communiquer vos larmes, cela s'attrape.* Il est déjà assez faible comme cela. Cette influence détestable que vous avez eue sur lui. Enfin! Il vous préférait à moi, hélas! Je n'étais pas jalouse, oh, pas du tout. Je me rendais compte simplement que que ce n'était pas sage. Maintenant, vous ne pouvez plus rien pour lui. Et vous voilà toute baignée de larmes et vous ne me tenez plus tête.* Et votre regard ne me défie plus. Où donc ont disparu votre insolence, votre sourire ironique, vos moqueries? Allons, réveillez-vous. Prenez votre place, tâchez de vous tenir bien droite. Tiens, vous avez toujours votre beau collier. Venez, prenez donc votre place.

MARIE, *assise.* Je ne pourrai pas lui dire.

MARGUERITE. Je m'en chargerai. J'ai l'habitude des corvées.

MARIE. Ne le lui dites pas. Non, non, je vous en prie. Ne lui dites rien, je vous en supplie.

MARGUERITE. Laissez-moi faire, je vous en supplie. Nous aurons cependant besoin de vous pour les étapes de la cérémonie. Vous aimez les cérémonies.

MARIE. Pas celle-là.

MARGUERITE, *à Juliette.* Arrangez donc nos traînes comme il faut.

JULIETTE. Oui, Majesté.

Juliette s'exécute.

MARGUERITE. Moins amusant, bien entendu, que vos bals d'enfants, que vos bals pour vieillards, vos bals pour jeunes mariés, vos bals pour rescapés, vos bals pour décorés, vos bals pour femmes de lettres, vos bals pour organisateurs de bals, et tant d'autres bals. Ce bal-ci se passera en famille, sans danseur et sans danse.

MARIE. Non, ne lui dites rien. Il vaut mieux qu'il ne s'en aperçoive pas.

MARGUERITE. ...Et qu'il termine par une chanson?* Cela n'est pas possible.

MARIE. Vous n'avez pas de cœur.

MARGUERITE. Mais si, si, il bat.

MARIE. Vous êtes inhumaine.

MARGUERITE. Qu'est-ce que cela veut dire?

MARIE. C'est terrible, il n'est pas préparé.

MARGUERITE. C'est votre faute s'il ne l'est pas. Il était comme un de ces voyageurs qui s'attardent dans les auberges en oubliant que le but du voyage n'est pas l'auberge. Quand je vous rappelais qu'il fallait vivre avec la conscience de son destin, vous me disiez que j'étais un bas-bleu et que c'était pompeux.

JULIETTE, *à part.* C'est quand même pompeux.*

MARIE. Au moins, qu'on le lui dise le plus doucement possible puisque c'est inévitable. Avec des ménagements, avec beaucoup de ménagements.

MARGUERITE. Il aurait dû être préparé depuis longtemps, depuis toujours. Il aurait dû se le dire chaque jour. Que de temps perdu! (*A Juliette.*) Qu'est-ce que vous avez à nous regarder avec vos yeux égarés? Vous n'allez pas vous effondrer, vous aussi. Vous pouvez vous retirer; n'allez pas trop loin, on vous appellera.

JULIETTE. Alors, vraiment, je ne balaye plus le living-room?

MARGUERITE. C'est trop tard. Tant pis. Retirez-vous.

Juliette sort par la droite.

MARIE. Dites-le-lui doucement, je vous en prie. Prenez tout votre temps. Il pourrait avoir un arrêt du cœur.

MARGUERITE. Nous n'avons pas le temps de prendre notre

temps. Fini de folâtrer, finis les loisirs, finis les beaux jours, finis les gueuletons, fini votre strip-tease. Fini. Vous avez laissé les choses traîner jusqu'au dernier moment, nous n'avons plus de moment à perdre, évidemment puisque c'est le dernier. Nous avons quelques instants pour faire ce qui aurait dû être fait pendant des années, des années et des années. Quand il faudra me laisser seule avec lui, je vous le dirai. Vous avez encore un rôle à jouer, tranquillisez-vous. Après, je l'aiderai.

MARIE. Ce sera dur, comme c'est dur.

MARGUERITE. Aussi dur pour moi que pour vous, que pour lui. Ne pleurnichez pas. Je vous le répète, je vous le conseille, je vous l'ordonne.

MARIE. Il refusera.

MARGUERITE. Au début.

MARIE. Je le retiendrai.

MARGUERITE. Qu'il ne recule pas ou gare à vous. Il faut que cela se passe convenablement. Que ce soit une réussite, un triomphe. Il y a longtemps qu'il n'en a plus eu. Son palais est en ruines. Ses terres en friche. Ses montagnes s'affaissent. La mer a défoncé les digues, inondé le pays. Il ne l'entretient plus. Vous lui avez tout fait oublier dans vos bras dont je déteste le parfum. Quel mauvais goût! Bref, c'était le sien. Au lieu de consolider le sol, il laisse des hectares et des hectares s'engloutir dans les précipices sans fond.

MARIE. Ce que vous êtes regardante!* D'abord, on ne peut pas lutter contre les tremblements de terre.

MARGUERITE. Ce que vous m'agacez!... Il aurait pu consolider, planter des conifères dans les sables, cimenter les terrains menacés. Mais non, maintenant le royaume est plein de trous comme un immense gruyère.

MARIE. On ne pouvait rien contre la fatalité, contre les érosions naturelles.

MARGUERITE. Sans parler de toutes ces guerres désastreuses. Pendant que ses soldats ivres dormaient, la nuit ou après les copieux déjeuners des casernes, les voisins repoussaient les bornes des frontières. Le territoire national s'est rétréci. Ses soldats ne voulaient pas se battre.

MARIE. C'étaient des objecteurs de conscience.*

MARGUERITE. On les appelait chez nous des objecteurs de conscience. Dans les armées de nos vainqueurs, on les appelait des lâches, des déserteurs et on les fusillait. Vous voyez le résultat : des gouffres vertigineux, des villes rasées, des piscines incendiées, des bistrots désaffectés.* Les jeunes s'expatrient en masse. Au début de son règne, il y avait neuf milliards d'habitants.

MARIE. Ils étaient trop nombreux. Il n'y avait plus de place.

MARGUERITE. Maintenant, il ne reste plus qu'un millier de vieillards. Moins. Ils trépassent pendant que je vous parle.

MARIE. Il y a aussi quarante-cinq jeunes gens.

MARGUERITE. Ceux dont on n'a pas voulu ailleurs. On n'en voulait pas non plus ; on nous les a renvoyés de force. D'ailleurs, ils vieillissent très vite. Rapatriés à vingt-cinq ans, ils en ont quatre-vingts au bout de deux jours. Vous n'allez pas prétendre qu'ils vieillissent normalement.

MARIE. Mais le Roi, lui, il est encore tout jeune.

MARGUERITE. Il l'était hier, il l'était cette nuit. Vous allez voir tout à l'heure.

LE GARDE, *annonçant*. Voici Sa Sommité, le Médecin qui revient. Sa Sommité, Sa Sommité.

Entre le Médecin par la grande porte à gauche qui s'ouvre et se referme toute seule. Il a l'air à la fois d'un astrologue et d'un bourreau. Il porte sur la tête un chapeau pointu, des étoiles. Il est vêtu de rouge, une cagoule attachée à son col, une grande lunette à la main.

LE MÉDECIN, *à Marguerite*. Bonjour, Majesté. (*A Marie.*) Bonjour, Majesté. Que Vos Majestés m'excusent, je suis un peu en retard, je viens directement de l'hôpital où j'ai dû faire quelques interventions chirurgicales du plus haut intérêt pour la science.

MARIE. Le Roi n'est pas opérable.

MARGUERITE. En effet, il ne l'est plus.

LE MÉDECIN, *regardant Marguerite puis Marie*. Je sais. Pas Sa Majesté.

MARIE. Docteur, est-ce qu'il y a du nouveau ? Cela va peut-être mieux, n'est-ce pas ? N'est-ce pas ? Une amélioration n'est pas impossible ?

LE MÉDECIN. C'est une situation-type* qui ne peut changer.

MARIE. C'est vrai, pas d'espoir, pas d'espoir. (*En regardant Marguerite*.) Elle ne veut pas que j'espère, elle me l'interdit.

MARGUERITE. Beaucoup de gens ont la folie des grandeurs.* Vous avez une folie de la petitesse. On n'a jamais vu une reine pareille! Vous me faites honte. Ah! Elle va encore pleurer.

LE MÉDECIN. En vérité, il y a tout de même du nouveau si vous voulez.

MARIE. Quel nouveau?

LE MÉDECIN. Du nouveau qui ne fait que confirmer les indications précédentes. Mars et Saturne sont entrés en collision.

MARGUERITE. On s'y attendait.

LE MÉDECIN. Les deux planètes ont éclaté.

MARGUERITE. C'est logique.

LE MÉDECIN. Le soleil a perdu entre cinquante et soixante-quinze pour cent de sa force.

MARGUERITE. Cela va de soi.

LE MÉDECIN. Il tombe de la neige au pôle Nord du soleil. La Voie lactée a l'air de s'agglutiner.* La comète est épuisée de fatigue, elle a vieilli, elle s'entoure de sa queue, s'enroule sur elle-même comme un chien moribond.

MARIE. Ce n'est pas vrai, vous exagérez. Si, si, vous exagérez.

LE MÉDECIN. Vous voulez voir dans la lunette?

MARGUERITE, *au Médecin*. Ce n'est pas la peine. On vous croit. Quoi d'autre?

LE MÉDECIN. Le printemps qui était encore là hier soir nous a quittés il y a deux heures trente. Voici novembre. Au-delà des frontières, l'herbe s'est mise à pousser. Là-bas, les arbres reverdissent. Toutes les vaches mettent bas deux veaux par jour, un le matin, un second l'après-midi vers cinq heures, cinq heures et quart. Chez nous, les feuilles se sont desséchées, elles se décrochent. Les arbres soupirent et meurent. La terre se fend encore plus que d'habitude.

LE GARDE, *annonçant*. L'Institut météorologique du royaume nous fait remarquer que le temps est mauvais.

MARIE. J'entends la terre qui se fend, j'entends, oui, hélas, j'entends!

MARGUERITE. C'est la fissure qui s'élargit et se propage.

LE MÉDECIN. La foudre s'immobilise dans le ciel, les nuages pleuvent des grenouilles, le tonnerre gronde. On ne l'entend pas car il est muet. Vingt-cinq habitants se sont liquéfiés. Douze ont perdu leur tête. Décapités. Cette fois, sans mon intervention.

MARGUERITE. Ce sont bien les signes.

LE MÉDECIN. D'autre part...

MARGUERITE, *l'interrompant.* Ne continuez pas, cela suffit. C'est ce qui arrive toujours en pareil cas. Nous connaissons.

LE GARDE, *annonçant.* Sa Majesté, le Roi! (*Musique.*) Attention, Sa Majesté. Vive le Roi!

Le Roi entre par la porte du fond à droite. Il a les pieds nus. Juliette entre derrière lui.

MARGUERITE. Où a-t-il semé* ses pantoufles?

JULIETTE. Sire, les voici.

MARGUERITE, *au Roi.* Quelle mauvaise habitude de marcher les pieds nus.

MARIE, *à Juliette.* Mettez-lui ses pantoufles plus vite. Il va attraper froid.

MARGUERITE. Qu'il attrape froid ou non, cela n'a pas d'importance. C'est tout simplement une mauvaise habitude.

Pendant que Juliette met les pantoufles aux pieds du Roi et que Marie va à la rencontre de celui-ci, la musique royale continue de s'entendre.

LE MÉDECIN, *s'inclinant humblement et mielleusement.* Je me permets de souhaiter le bonjour à Votre Majesté. Ainsi que mes meilleurs vœux.

MARGUERITE. Ce n'est plus qu'une formule creuse.*

LE ROI, *à Marie, puis à Marguerite.* Bonjour, Marie. Bonjour, Marguerite. Toujours là? Je veux dire, tu es déjà là! Comment ça va? Moi, ça ne va pas! Je ne sais pas très bien ce que j'ai, mes membres sont un peu engourdis, j'ai eu du mal à me lever, j'ai mal aux pieds! Je vais changer de pantoufles. J'ai peut-être grandi! J'ai mal dormi, cette terre qui craque, ces frontières qui reculent, ce bétail qui beugle, ces sirènes qui hurlent, il y a vraiment trop de bruit. Il faudra tout de même que j'y mette bon ordre. On va tâcher d'arranger cela. Aïe, mes côtes! (*Au docteur.*) Bonjour, Docteur. Est-ce un lumbago? (*Aux autres.*) J'attends un ingénieur... étranger. Les nôtres ne valent plus rien. Cela leur est égal. D'ailleurs, nous n'en avons pas. Pourquoi a-t-on fermé l'École Polytechnique? Ah, oui! Elle est tombée dans le trou. Pourquoi en bâtir d'autres puisqu'elles tombent dans le trou, toutes. J'ai mal à la tête, par-dessus le marché. Et ces nuages... J'avais interdit les nuages. Nuages! Assez de pluie. Je dis: assez. Assez de pluie. Je dis: assez. Ah! Tout de même. Il recommence. Idiot de nuage. Il n'en finit plus celui-là avec ces gouttes à retardement.* On dirait un vieux pisseux.* (*A Juliette.*) Qu'as-tu à me regarder? Tu es bien rouge aujourd'hui. C'est plein de toiles d'araignées* dans ma chambre à coucher. Va donc les nettoyer.

JULIETTE. Je les ai enlevées toutes pendant que Votre Majesté dormait encore. Je ne sais d'où ça vient. Elles n'arrêtent pas de repousser.

LE MÉDECIN, *à Marguerite*. Vous voyez, Majesté. Cela se confirme de plus en plus.

LE ROI, *à Marie*. Qu'est-ce que tu as, ma beauté?

MARIE, *bafouillant*. Je ne sais pas... rien... Je n'ai rien.

LE ROI. Tu as les yeux cernés. Tu as pleuré? Pourquoi?

MARIE. Mon Dieu!

LE ROI, *à Marguerite*. Je défends qu'on lui fasse de la peine. Et pourquoi dit-elle «Mon Dieu»?

MARGUERITE. C'est une expression.* (*A Juliette.*) Va nettoyer de nouveau les toiles d'araignées.

LE ROI. Ah, oui! Ces toiles d'araignées, c'est dégoûtant. Ça donne des cauchemars.

MARGUERITE, *à Juliette*. Dépêchez-vous, ne traînez pas. Vous ne savez plus vous servir d'un balai?

JULIETTE. Le mien est tout usé. Il m'en faudrait un neuf, il m'en faudrait même douze.

Juliette sort.

LE ROI. Qu'avez-vous tous à me regarder ainsi? Est-ce qu'il y a quelque chose d'anormal? Il n'y a plus rien d'anormal puisque l'anormal est devenu habituel. Ainsi, tout s'arrange.

MARIE, *se précipitant vers le Roi.* Mon roi, vous boitez.

LE ROI, *faisant deux ou trois pas en boitant légèrement.* Je boite? Je ne boite pas. Je boite un peu.*

MARIE. Vous avez mal, je vais vous soutenir.

LE ROI. Je n'ai pas mal. Pourquoi aurais-je mal? Si, un tout petit peu. Ce n'est rien. Je n'ai pas besoin d'être soutenu. Pourtant, j'aime que tu me soutiennes.

MARGUERITE, *se dirigeant vers le Roi.* Sire, je dois vous mettre au courant.

MARIE. Non, taisez-vous.

MARGUERITE, *à Marie.* Taisez-vous.

MARIE, *au Roi.* Ce n'est pas vrai ce qu'elle dit.

LE ROI. Au courant de quoi? Qu'est-ce qui n'est pas vrai? Marie, pourquoi cet air désolé? Que vous arrive-t-il?

MARGUERITE, *au Roi.* Sire, on doit vous annoncer que vous allez mourir.*

LE MÉDECIN. Hélas, oui, Majesté.

LE ROI. Mais je le sais, bien sûr. Nous le savons tous. Vous me le rappellerez quand il sera temps. Quelle manie avez-vous, Marguerite, de m'entretenir de choses désagréables dès le lever du soleil.

MARGUERITE. Il est déjà midi.

LE ROI. Il n'est pas midi. Ah, si, il est midi. Ça ne fait rien. Pour moi, c'est le matin. Je n'ai encore rien mangé. Que l'on m'apporte mon breakfast. A vrai dire, je n'ai pas trop faim. Docteur, il faudra que vous me donniez des pilules pour réveiller mon appétit et dégourdir mon foie.* Je dois avoir la langue saburale,* n'est-ce pas?

Il montre sa langue au Docteur.

LE MÉDECIN. En effet, Majesté.

LE ROI. Mon foie s'encrasse. Je n'ai rien bu hier soir, pourtant j'ai un mauvais goût dans la bouche.

LE MÉDECIN. Majesté, la Reine Marguerite dit la vérité, vous allez mourir.

LE ROI. Encore? Vous m'ennuyez! Je mourrai, oui, je mourrai. Dans quarante ans, dans ciquante ans, dans trois cents ans. Plus tard. Quand je voudrai, quand j'aurai le temps, quand je le déciderai. En attendant, occupons-nous des affaires du royaume, (*Il monte les marches du trône.*) Aïe! Mes jambes, mes reins. J'ai attrapé froid dans ce palais mal chauffé, avec ces carreaux cassés qui laissent entrer la tempête et les courants d'air. A-t-on remplacé sur le toit les tuiles que le vent avait arrachées? On ne travaille plus. Il faudra que je m'en occupe moi-même. J'ai eu d'autres choses à faire. On ne peut compter sur personne. (*A Marie qui essaye de le soutenir.*) Non, j'arriverai. (*Il s'aide de son sceptre comme d'un bâton.*) Ce sceptre peut encore servir. (*Il réussit péniblement à s'asseoir, aidé tout de même de la reine Marie.*) Mais non, mais non, je peux. Ça y est! Ouf! Il est devenu bien dur ce trône. On devrait le faire rembourrer. Comment se porte le pays ce matin?

MARGUERITE. Ce qu'il en reste.

LE ROI. Ce sont encore de beaux restes. De toute façon, il faut s'en occuper, cela vous changera les idées. Qu'on fasse venir les ministres. (*Apparaît Juliette.*) Allez chercher les ministres, ils sont sans doute encore en train de dormir. Ils s'imaginent qu'il n'y a plus de travail.

JULIETTE. Ils sont partis en vacances. Pas bien loin puisque les terres se sont raccourcies et rabougries. Ils sont à l'autre bout du royaume, c'est-à-dire à trois pas, au coin du bois, au bord du ruisseau. Ils font la pêche, ils espèrent avoir un peu de poisson pour nourrir la population.

LE ROI. Va les chercher au coin du bois.

JULIETTE. Ils ne viendront pas, ils sont en congé. J'y vais voir quand même.

Elle va regarder par la fenêtre.

LE ROI. Quelle indiscipline!

JULIETTE. Ils sont tombés dans le ruisseau.

MARIE. Essaye de les repêcher.

Juliette sort.

LE ROI. Si j'avais deux autres spécialistes du gouvernement dans le pays, je les remplacerais.

MARIE. On en trouvera d'autres.

LE MÉDECIN. On n'en trouvera plus, Majesté.

MARGUERITE. Vous n'en trouverez plus, Bérenger.*

MARIE. Si, parmi les enfants des écoles lorsqu'ils seront grands. Il faut attendre un peu. Une fois repêchés, ces deux-là pourront bien gérer les affaires courantes.

LE MÉDECIN. A l'école, il n'y a plus que quelques enfants goitreux, débiles mentaux congénitaux,* des mongoloïdes,* des hydrocéphales.

LE ROI. La race n'est pas très bien portante, en effet. Tâchez de les guérir, Docteur, ou de les améliorer un peu. Qu'ils apprennent au moins les quatre, cinq premières lettres de l'alphabet. Autrefois, on les tuait.

LE MÉDECIN. Sa Majesté ne pourrait plus se le permettre! Il n'y aurait plus de sujets.

LE ROI. Qu'on en fasse quelque chose!

MARGUERITE. On ne peut plus rien améliorer, on ne peut plus guérir personne, vous-même ne pouvez plus guérir.

LE MÉDECIN. Sire, vous ne pouvez plus guérir.

LE ROI. Je ne suis pas malade.

MARIE. Il se sent bien. (*Au Roi.*) N'est-ce pas?

LE ROI. Tout au plus quelques courbatures. Ce n'est rien. D'ailleurs, ça va beaucoup mieux.

MARIE. Il dit que ça va bien, vous voyez, vous voyez.

LE ROI. Ça va même très bien.

MARGUERITE. Tu vas mourir dans une heure et demie, tu vas mourir à la fin du spectacle.

LE ROI. Que dites-vous, ma chère? Ce n'est pas drôle.

MARGUERITE. Tu vas mourir à la fin du spectacle.

MARIE. Mon Dieu!

LE MÉDECIN. Oui, Sire, vous allez mourir. Vous n'aurez pas votre petit déjeuner demain matin. Pas de dîner ce soir non plus.

Le cuisinier a éteint le gaz. Il rend son tablier. Il range pour l'éternité les nappes et les serviettes dans le placard.

MARIE. Ne dites pas si vite, ne dites pas si fort.

LE ROI. Qui donc a pu donner des ordres pareils sans mon consentement? Je me porte bien. Vous vous moquez. Mensonges. (*A Marguerite.*) Tu as toujours voulu ma mort. (*A Marie.*) Elle a toujours voulu ma mort. (*A Marguerite.*) Je mourrai quand je voudrai, je suis le Roi, c'est moi qui décide.

LE MÉDECIN. Vous avez perdu le pouvoir de décider seul, Majesté.

MARGUERITE. Tu ne peux même plus t'empêcher d'être malade.

LE ROI. Je ne suis pas malade. (*A Marie.*) N'as-tu pas dit que je ne suis pas malade? Je suis toujours beau.

MARGUERITE. Et tes douleurs?

LE ROI. Je n'en ai plus.

MARGUERITE. Bouge un peu, tu verras bien.

LE ROI, *qui vient de se rasseoir, se soulève.* Aïe!... C'est parce que je ne me suis pas mis dans la tête de ne pas avoir mal. Je n'ai pas eu le temps d'y penser! J'y pense, et je guéris. Le Roi se guérit lui-même mais j'étais trop préoccupé par les affaires du royaume.

MARGUERITE. Dans quel état il est ton royaume! Tu ne peux plus le gouverner, tu t'en aperçois toi-même, tu ne veux pas te l'avouer. Tu n'as plus de pouvoir sur toi; plus de pouvoir sur les éléments. Tu ne peux plus empêcher les dégradations, tu n'as plus de pouvoir sur nous.

MARIE. Tu auras toujours du pouvoir sur moi.

MARGUERITE. Pas même sur vous.

Juliette entre.

JULIETTE. On ne peut plus repêcher les ministres. Le ruisseau dans lequel ils sont tombés a coulé dans l'abîme avec les berges et les saules qui le bordaient.

LE ROI. Je comprends. C'est un complot. Vous voulez que j'abdique.

MARGUERITE. Cela vaudrait mieux. Abdique volontairement.

LE MÉDECIN. Abdiquez, Sire, cela vaut mieux.

LE ROI. Que j'abdique?

MARGUERITE. Oui. Abdique moralement, administrativement.

LE MÉDECIN. Et physiquement.

MARIE. Ne donne pas ton consentement. Ne les écoute pas.

LE ROI. Ils sont fous. Ou bien ce sont des traîtres.

JULIETTE. Sire, pauvre Sire, Sire, pauvre Sire.

MARIE, *au Roi.* Il faut les faire arrêter.

LE ROI, *au Garde.* Garde, arrête-les.

MARIE. Garde, arrête-les. (*Au Roi.*) C'est cela. Donne des ordres.

LE ROI, *au Garde.* Arrête-les tous. Enferme-les dans la tour. Non, la tour s'est écroulée. Emmène-les, enferme-les à clef dans la cave, dans les oubliettes ou dans le clapier. Arrête-les, tous. J'ordonne.

MARIE, *au Garde.* Arrête-les.

LE GARDE, *sans bouger.* Au nom de Sa Majesté... je vous... je vous arrête.

MARIE, *au Garde.* Bouge donc.

JULIETTE. C'est lui qui s'arrête.*

LE ROI, *au Garde.* Fais-le, mais fais-le, Garde.

MARGUERITE. Tu vois, il ne peut plus bouger. Il a la goutte. Des rhumatismes.

LE MÉDECIN, *montrant le Garde.* Sire, l'armée est paralysée. Un virus inconnu s'est introduit dans son cerveau et sabote les postes de commande.

MARGUERITE, *au Roi.* Ce sont tes propres ordres, Majesté, tu le vois bien, qui le paralysent.

MARIE, *au Roi.* Ne la crois pas. Elle veut t'hypnotiser. C'est un problème de volonté. Entraîne tout dans ta volonté.

LE GARDE. Je vous... au nom du Roi... je vous...

Il s'arrête de parler, la bouche entrouverte.

LE ROI, *au Garde.* Qu'est-ce qui te prend? Parle, avance. Te crois-tu une statue?

MARIE, *au Roi.* Ne lui pose pas de questions. Ne discute pas. Ordonne. Emporte-le dans le tourbillon de ta volonté.

LE MÉDECIN. Il ne peut plus remuer, vous voyez, Majesté. Il ne peut plus parler, il est pétrifié. Il ne vous écoute plus. C'est un symptôme caractéristique. Médicalement, c'est très net.

LE ROI. Nous verrons bien si je n'ai plus de pouvoir.

MARIE, *au Roi.* Prouve que tu en as. Tu peux si tu veux.

LE ROI. Je prouve que je veux, je prouve que je peux.

MARIE. D'abord, lève-toi.

LE ROI. Je me lève.

Il fait un grand effort en grimaçant.

MARIE. Tu vois comme c'est simple.

LE ROI. Vous voyez comme c'est simple. Vous êtes des farceurs. Des conjurés, des bolcheviques. (*Il marche. A Marie qui veut l'aider.*) Non, non, tout seul... puisque je peux tout seul. (*Il tombe. Juliette se précipite pour le relever.*) Je me relève tout seul.

Il se relève tout seul, en effet, mais péniblement.

LE GARDE. Vive le Roi. (*Le Roi retombe.*) Le Roi se meurt.

MARIE. Vive le Roi.

Le Roi se relève péniblement, s'aidant de son sceptre.

LE GARDE. Vive le Roi. (*Le Roi retombe.*) Le Roi est mort.

MARIE. Vive le Roi! Vive le Roi!

MARGUERITE. Quelle comédie.

Le Roi se relève péniblement. Juliette, qui avait disparu, réapparaît.

JULIETTE. Vive le Roi!

Elle disparaît à nouveau. Le Roi retombe.

LE GARDE. Le Roi se meurt.

MARIE. Non. Vive le Roi! Relève-toi. Vive le Roi!

JULIETTE, *apparaissant puis disparaissant tandis que le Roi se relève.* Vive le Roi!

LE GARDE. Vive le Roi!

Cette scène doit être jouée en guignol tragique.*

MARIE. Vous voyez bien, cela va mieux.

MARGUERITE. C'est le mieux de la fin,* n'est-ce pas, Docteur?

LE MÉDECIN, *à Marguerite.* C'est évident, ce n'est que le mieux de
la fin.

LE ROI. J'avais glissé, tout simplement. Cela peut arriver. Cela
arrive. Ma couronne! (*La couronne était tombée par terre pendant la
chute. Marie remet la couronne sur la tête du Roi.*) C'est mauvais signe.

MARIE. N'y crois pas.

Le sceptre du Roi tombe.

LE ROI. C'est mauvais signe.

MARIE. N'y crois pas. (*Elle lui donne son sceptre.*) Tiens-le bien dans
ta main. Ferme le poing.

LE GARDE. Vive, vive... (*puis il se tait*).

LE MÉDECIN, *au Roi.* Majesté...

MARGUERITE, *au Médecin, montrant Marie.* Il faut la calmer celle-
là; elle prend la parole à tort et à travers. Elle ne doit plus parler
sans notre permission.

Marie s'immobilise.

MARGUERITE, *au Médecin, montrant le Roi.* Essayez, maintenant,
de lui faire comprendre.

LE MÉDECIN, *au Roi.* Majesté, il y a des dizaines d'années ou bien
il y a trois jours, votre empire était florissant. En trois jours,
vous avez perdu les guerres que vous aviez gagnées. Celles que
vous aviez perdues, vous les avez reperdues. Depuis que les
récoltes ont pourri et que le désert a envahi notre continent, la
végétation est allée reverdir les pays voisins qui étaient déserts
jeudi dernier. Les fusées* que vous voulez envoyer ne partent
plus. Ou bien, elles décrochent, retombent avec un bruit mouillé.

LE ROI. Accident technique.

LE MÉDECIN. Autrefois, il n'y en avait pas.

MARGUERITE. Finie la réussite.* Tu dois t'en rendre compte.

LE MÉDECIN. Vos douleurs, courbatures...

LE ROI. Je n'en avais jamais eues. C'est la première fois.

LE MÉDECIN. Justement. Là est le signe. C'est bien venu tout
d'un coup, n'est-ce pas ?

MARGUERITE. Tu devais t'y attendre.

LE MÉDECIN. Cela est venu tout d'un coup, vous n'êtes plus maître de vous-même. Vous le constatez, Sire. Soyez lucide. Allons, un peu de courage.

LE ROI. Je me suis relevé. Vous mentez. Je me suis relevé.

LE MÉDECIN. Vous avez très mal et vous ne pourrez pas faire un nouvel effort.

MARGUERITE. Bien sûr, cela ne va pas durer longtemps. (*Au Roi.*) Peux-tu encore faire quelque chose? Peux-tu donner un ordre qui soit suivi? Peux-tu changer quelque chose? Tu n'as qu'à essayer.

LE ROI. C'est parce que je n'avais pas mis toute ma volonté que cela s'est délabré. Simple négligence. Tout cela s'arrangera. Tout sera réparé, remis à neuf. On verra bien ce que je peux faire. Garde, bouge, approche.

MARGUERITE. Il ne peut pas. Il ne peut plus obéir qu'aux autres. Garde, fais deux pas. (*Le Garde avance de deux pas.*) Garde, recule.

Le Garde recule de deux pas.

LE ROI. Que la tête du Garde tombe, que la tête du Garde tombe! (*La tête du Garde penche un peu à droite, un peu à gauche.*) Sa tête va tomber, sa tête va tomber.

MARGUERITE. Non. Elle est branlante, seulement. Pas plus qu'avant.

LE ROI. Que la tête du Médecin tombe, qu'elle tombe tout de suite! Allons, allons!

MARGUERITE. Jamais la tête du Médecin n'a mieux tenu sur ses épaules, jamais elle n'a été plus solide.

LE MÉDECIN. Je m'en excuse, Sire, vous m'en voyez tout confus.

LE ROI. Que la couronne de Marguerite tombe à terre, que sa couronne tombe.

C'est la couronne du Roi qui tombe de nouveau à terre. Marguerite la ramasse.

MARGUERITE. Je vais te la remettre, va.

LE ROI. Merci. Qu'est-ce que c'est que cette sorcellerie? Comment échappez-vous à mon pouvoir? Ne pensez pas que cela va continuer. Je trouverai bien la cause de ce désordre.* Il doit y avoir quelque chose de rouillé dans le mécanisme et les enchaînements subtils.

MARGUERITE, *à Marie.* Tu peux parler, maintenant. Nous te le permettons.

MARIE, *au Roi.* Dis-moi de faire quelque chose, je le ferai. Donne-moi un ordre. Ordonne, Sire, ordonne. Je t'obéis.

MARGUERITE, *au Médecin.* Elle pense que ce qu'elle appelle l'amour peut réussir l'impossible. Superstition sentimentale. Les choses ont changé. Il n'en est plus question. Nous sommes déjà au-delà de cela. Déjà au-delà.

MARIE, *qui s'est dirigée à reculons vers la droite et se trouve maintenant près de la fenêtre.* Ordonne, mon Roi. Ordonne, mon amour. Regarde comme je suis belle. Je sens bon. Ordonnez que je vienne vers vous, que je vous embrasse.

LE ROI, *à Marie.* Viens vers moi, embrasse-moi. (*Marie reste immobile.*) Entends-tu?

MARIE. Mais oui, je vous entends. Je le ferai.

LE ROI. Viens vers moi.

MARIE. Je voudrais bien. Je vais le faire. Je vais le faire. Mes bras retombent.

LE ROI. Alors, danse. (*Marie ne bouge pas.*) Danse. Alors, au moins, tourne-toi, va vers la fenêtre, ouvre-la et referme.

MARIE. Je ne peux pas.

LE ROI. Tu as sans doute un torticolis, tu as certainement un torticolis. Avance vers moi.

MARIE. Oui, Sire.

LE ROI. Avance vers moi en souriant.

MARIE. Oui, Sire.

LE ROI. Fais-le donc!

MARIE. Je ne sais plus comment faire pour marcher. J'ai oublié subitement.

MARGUERITE, *à Marie.* Fais quelques pas vers lui.

Marie avance un peu en direction du Roi.

LE ROI. Vous voyez, elle avance.

MARGUERITE. C'est moi qu'elle a écoutée. (*A Marie.*) Arrête. Arrête-toi.

MARIE. Pardonne-moi, Majesté, ce n'est pas ma faute.

MARGUERITE, *au Roi.* Te faut-il d'autres preuves?

LE ROI. J'ordonne que des arbres poussent du plancher. (*Pause.*) J'ordonne que le toit disparaisse. (*Pause.*) Quoi? Rien? J'ordonne qu'il y ait la pluie. (*Pause. Toujours rien ne se passe.*) J'ordonne qu'il y ait la foudre et que je la tienne dans ma main. (*Pause.*) J'ordonne que les feuilles repoussent. (*Il va à la fenêtre.*) Quoi! Rien? J'ordonne que Juliette entre par la grande porte. (*Juliette entre par la petite porte au fond à droite.*) Pas par celle-là, par celle-ci. Sors par cette porte. (*Il montre la grande porte. Elle sort par la petite porte, à droite, en face. A Juliette.*) J'ordonne que tu restes. (*Juliette sort.*) J'ordonne qu'on entende les clairons. J'ordonne que les cloches sonnent. J'ordonne que cent vingt et un coups de canon se fassent entendre en mon honneur. (*Il prête l'oreille.*) Rien!... Ah si! J'entends quelque chose.

LE MÉDECIN. Ce n'est que le bourdonnement de vos oreilles, Majesté.

MARGUERITE, *au Roi.* N'essaye plus. Tu te rends ridicule.

MARIE, *au Roi.* Tu te fatigues trop, mon petit Roi. Ne désespère pas. Tu es plein de sueur. Repose-toi un peu. Nous allons recommencer tout à l'heure. Nous réussirons dans une heure.

MARGUERITE, *au Roi.* Tu vas mourir dans une heure vingt-cinq minutes.

LE MÉDECIN. Oui, Sire. Dans une heure vingt-quatre minutes cinquante secondes.

LE ROI, *à Marie.* Marie!

MARGUERITE. Dans une heure vingt-quatre minutes quarante et une secondes. (*Au Roi.*) Prépare-toi.

MARIE. Ne cède pas.

MARGUERITE, *à Marie.* N'essaye plus de le distraire. Ne lui tends pas les bras. Il est déjà sur la pente, tu ne peux plus le retenir. Le programme sera exécuté point par point.

LE GARDE, *annonçant.* La cérémonie commence!*

Mouvement général. Mise en place de cérémonie. Le Roi est sur le trône, Marie à ses côtés.

LE ROI. Que le temps retourne sur ses pas.

MARIE. Que nous soyons il y a vingt ans.

LE ROI. Que nous soyons la semaine dernière.

MARIE. Que nous soyons hier soir. Temps retourne, temps retourne; temps, arrête-toi.

MARGUERITE. Il n'y a plus de temps. Le temps a fondu dans sa main.

LE MÉDECIN, *à Marguerite, après avoir regardé dans sa lunette dirigée vers le haut.* En regardant par la lunette qui voit au-delà des murs et des toits, on aperçoit un vide, dans le ciel, à la place de la constellation royale. Sur les registres de l'univers, Sa Majesté est portée défunte.

LE GARDE. Le Roi est mort, vive le Roi!

MARGUERITE, *au Garde.* Idiot, tu ferais mieux de te taire.

LE MÉDECIN. En effet, il est bien plus mort que vif.

LE ROI. Non. Je ne veux pas mourir. Je vous en prie, ne me laissez pas mourir. Soyez gentils, ne me laissez pas mourir. Je ne veux pas.

MARIE. Que faire pour lui donner la force de résister? Moi-même, je faiblis. Il ne me croit plus, il ne croit plus qu'eux. (*Au Roi.*) Espère tout de même, espère encore.

MARGUERITE, *à Marie.* Ne l'embrouille pas. Tu ne lui fais plus que du tort.

LE ROI. Je ne veux pas, je ne veux pas.

LE MÉDECIN. La crise était prévue; elle est tout à fait normale. Déjà la première défense est entamée.

MARGUERITE, *à Marie.* La crise passera.

LE GARDE, *annonçant.* Le Roi passe!

LE MÉDECIN. Nous regretterons beaucoup Votre Majesté! On le dira, c'est promis.

LE ROI. Je ne veux pas mourir.

MARIE. Hélas! Ses cheveux ont blanchi tout d'un coup. (*En effet, les cheveux du Roi ont blanchi.*) Les rides s'accumulent sur son front, sur son visage. Il a vieilli soudain de quatorze siècles.

LE MÉDECIN. Si vite démodé.

LE ROI. Les rois devraient être immortels.

MARGUERITE. Ils ont une immortalité provisoire.

LE ROI. On m'avait promis que je ne mourrais que lorsque je l'aurais décidé moi-même.

MARGUERITE. C'est parce qu'on pensait que tu déciderais plus tôt. Tu as pris goût à l'autorité, il faut que tu te décides de force.* Tu t'es enlisé dans la boue tiède des vivants. Maintenant, tu vas geler.

LE ROI. On m'a trompé. On aurait dû me prévenir, on m'a trompé.

MARGUERITE. On t'avait prévenu.

LE ROI. Tu m'avais prévenu trop tôt. Tu m'avertis trop tard. Je ne veux pas mourir... Je ne voudrais pas. Qu'on me sauve puisque je ne peux plus le faire moi-même.

MARGUERITE. C'est ta faute si tu es pris au dépourvu, tu aurais dû t'y préparer. Tu n'as jamais eu le temps. Tu étais condamné, il fallait y penser* dès le premier jour, et puis, tous les jours, cinq minutes tous les jours. Ce n'était pas beaucoup. Cinq minutes tous les jours. Puis dix minutes, un quart d'heure, une demi-heure. C'est ainsi que l'on s'entraîne.

LE ROI. J'y avais pensé.

MARGUERITE. Jamais sérieusement, jamais profondément, jamais de tout ton être.

MARIE. Il vivait.

MARGUERITE. Trop. (*Au Roi.*) Tu aurais dû garder cela comme une pensée permanente en arrière-fond de toutes tes pensées.

LE MÉDECIN. Il n'a jamais été prévoyant, il a vécu au jour le jour comme n'importe qui.

MARGUERITE. Tu t'accordais des délais. A vingt ans, tu disais que tu attendrais la quarantième année pour commencer l'entraînement. A quarante ans...

LE ROI. J'étais en si bonne santé, j'étais si jeune!

MARGUERITE. A quarante ans, tu t'es proposé d'attendre jusqu'à cinquante ans. A cinquante ans...

LE ROI. J'étais plein de vie, comme j'étais plein de vie!

MARGUERITE. A cinquante ans, tu voulais attendre la soixantaine. Tu as eu soixante ans, quatre-vingt-dix ans, cent vingt-cinq ans, deux cents ans, quatre cents ans. Tu n'ajournais plus les préparatifs pour dans dix ans, mais pour dans cinquante ans. Puis, tu as remis cela de siècle en siècle.

LE ROI. J'avais justement l'intention de commencer. Ah! Si je pouvais avoir un siècle devant moi peut-être aurais-je le temps!

LE MÉDECIN. Il ne vous reste qu'un peu plus d'une heure, Sire. Il faut tout faire en une heure.

MARIE. Il n'aura pas le temps, ce n'est pas possible. Il faut lui donner du temps.

MARGUERITE. C'est cela qui est impossible. Mais en une heure, il a tout son temps.

LE MÉDECIN. Une heure bien remplie vaut mieux que des siècles et des siècles d'oubli et de négligence. Cinq minutes suffisent, dix secondes conscientes. On lui donne une heure: soixante minutes, trois mille six cents secondes. Il a de la chance.

MARGUERITE. Il a flâné sur les routes.

MARIE. Nous avons régné, il a travaillé.

LE GARDE. Des travaux d'Hercule.

MARGUERITE. Du bricolage.*

Entre Juliette.

JULIETTE. Pauvre Majesté, pauvre Sire, il a fait l'école buissonnière.

LE ROI. Je suis comme un écolier qui se présente à l'examen sans avoir fait ses devoirs. Sans avoir préparé sa leçon...

MARGUERITE, *au Roi*. Ne t'inquiète pas.

LE ROI. ...Comme un comédien qui ne connaît pas son rôle le soir de la première et qui a des trous,* des trous, des trous. Comme un orateur qu'on pousse à la tribune, qui ne connaît pas le premier mot de son discours, qui ne sait même pas à qui il s'adresse. Je ne connais pas ce public, je ne veux pas le connaître, je n'ai rien à lui dire. Dans quel état suis-je!

LE GARDE, *annonçant*. Le Roi fait allusion à son état.

MARGUERITE. Dans quelle ignorance.

JULIETTE. Il voudrait encore faire l'école buissonnière pendant plusieurs siècles.

LE ROI. J'aimerais redoubler.*

MARGUERITE. Tu passeras l'examen. Il n'y a pas de redoublants.

LE MÉDECIN. Vous n'y pouvez rien, Majesté. Et nous n'y pouvons rien. Nous ne sommes que les représentants de la médecine qui ne fait pas de miracle.

LE ROI. Le peuple est-il au courant? L'avez-vous averti? Je veux que tout le monde sache que le Roi va mourir. (*Il se précipite vers la fenêtre, l'ouvre dans un grand effort car il boite un peu plus.*) Braves gens, je vais mourir. Écoutez-moi, votre Roi va mourir.

MARGUERITE, *au Médecin.* Il ne faut pas qu'on entende. Empêchez-le de crier.

LE ROI. Ne touchez pas au Roi. Je veux que tout le monde sache que je vais mourir.

Il crie.

LE MÉDECIN. C'est un scandale.

LE ROI. Peuple, je dois mourir.

MARGUERITE. Ce n'est plus un roi, c'est un porc qu'on égorge.

MARIE. Ce n'est qu'un roi, ce n'est qu'un homme.

LE MÉDECIN. Majesté, songez à la mort de Louis XIV, à celle de Philippe II, à celle de Charles Quint qui a dormi vingt ans dans son cercueil. Le devoir de Votre Majesté est de mourir dignement.*

LE ROI. Mourir dignement? (*A la fenêtre.*) Au secours! Votre Roi va mourir.

MARIE. Pauvre Roi, mon pauvre Roi.

JULIETTE. Cela ne sert à rien de crier.

On entend un faible écho dans le lointain: «Le Roi va mourir!»

LE ROI. Vous entendez?

MARIE. Moi j'entends, j'entends.

LE ROI. On me répond, on va peut-être me sauver.

JULIETTE. Il n'y a personne.

On entend l'écho: «Au secours!»

LE MÉDECIN. Ce n'est rien d'autre que l'écho qui répond avec retardement.

MARGUERITE. Le retardement habituel dans ce royaume où tout fonctionne si mal.

LE ROI, *quittant la fenêtre.* Ce n'est pas possible. (*Revenant à la fenêtre.*) J'ai peur. Ce n'est pas possible.

MARGUERITE. Il s'imagine qu'il est le premier à mourir.

MARIE. Tout le monde est le premier à mourir.

MARGUERITE. C'est bien pénible.

JULIETTE. Il pleure comme n'importe qui.

MARGUERITE. Sa frayeur ne lui inspire que des banalités. J'espérais qu'il aurait eu de belles phrases exemplaires. (*Au Médecin.*) Je vous charge de la chronique. Nous lui prêterons les belles paroles des autres. Nous en inventerons au besoin.

LE MÉDECIN. Nous lui prêterons des sentences édifiantes. (*A Marguerite.*) Nous soignerons sa légende. (*Au Roi.*) Nous soignerons votre légende, Majesté.

LE ROI, *à la fenêtre.* Peuple, au secours… Peuple, au secours!

MARGUERITE. Vas-tu finir, Majesté? Tu te fatigues en vain.

LE ROI, *à la fenêtre.* Qui veut me donner sa vie?* Qui veut donner sa vie au Roi, sa vie au bon Roi, sa vie au pauvre Roi?

MARGUERITE. Indécent!

MARIE. Qu'il tente toutes ses chances, mêmes les plus improbables.

JULIETTE. Puisqu'il n'y a personne dans le pays.

Elle sort.

MARGUERITE. Il y a les espions.

LE MÉDECIN. Il y a les oreilles ennemies qui guettent* aux frontières.

MARGUERITE. Sa peur va nous couvrir tous de honte.

LE MÉDECIN. L'écho ne répond plus. Sa voix ne porte plus. Il a beau crier, sa voix s'arrête. Elle ne va même pas jusqu'à la clôture du jardin.

MARGUERITE, *tandis que le Roi gémit.* Il beugle.

LE MÉDECIN. Il n'y a plus que nous qui l'entendions. Lui-même ne s'entend plus.

Le Roi se retourne. Il fait quelques pas vers le milieu de la scène.

LE ROI. J'ai froid, j'ai peur, je pleure.

MARIE. Ses membres s'engourdissent.

LE MÉDECIN. Il est perclus de rhumatismes. (*A Marguerite.*) Une piqûre pour le calmer ?

Juliette apparaît avec un fauteuil d'infirme à roulettes et dossier avec couronne et insignes royaux.

LE ROI. Je ne veux pas de piqûre.

MARIE. Pas de piqûre.

LE ROI. Je sais ce que cela veut dire. J'en ai fait faire.* (*A Juliette.*) Je ne vous ai pas dit d'apporter ce fauteuil. Je veux me promener, je veux prendre l'air.

Juliette laisse le fauteuil dans un coin du plateau, à droite, et sort.

MARGUERITE. Assieds-toi dans le fauteuil. Tu vas tomber.

Le Roi chancelle, en effet.

LE ROI. Je n'accepte pas. Je veux rester debout.

Juliette revient avec une couverture.

JULIETTE. Vous seriez mieux, Sire, plus confortable avec une couverture sur les genoux et une bouillotte.

Elle sort.

LE ROI. Non, je veux rester debout, je veux hurler. Je veux hurler. (*Il crie.*)

LE GARDE, *annonçant.* Sa Majesté hurle !

LE MÉDECIN, *à Marguerite.* Il ne va pas hurler longtemps. Je connais le processus. Il va se fatiguer. Il s'arrêtera, il nous écoutera.

Juliette entre apportant encore un vêtement chaud et la bouillotte.

LE ROI, *à Juliette.* Je vous défends.

MARGUERITE. Assieds-toi vite, assieds-toi.

LE ROI. Je n'obéis pas. (*Il veut monter les marches du trône, n'y arrive pas. Il va s'asseoir, tout de même, en s'effondrant, sur le trône de la Reine à gauche.*) Je tombe malgré moi.

Juliette, après avoir suivi le Roi avec les objets indiqués ci-dessus va les remettre dans le fauteuil à roulettes.

MARGUERITE, *à Juliette.* Prends son sceptre, il est trop lourd.

LE ROI, *à Juliette qui revient vers lui avec un bonnet.* Je ne veux pas de ce bonnet. (*On ne lui en met pas.*)

JULIETTE. C'est une couronne moins lourde.

LE ROI. Laisse-moi mon sceptre.

MARGUERITE. Tu n'as plus la force de le tenir.

LE MÉDECIN. Plus la peine de vous appuyer dessus. On vous portera, on vous roulera dans le fauteuil.

LE ROI. Je veux le garder.

MARIE, *à Juliette.* Laisse-lui le sceptre puisqu'il le désire.

Juliette regarde la reine Marguerite d'un air interrogateur.

MARGUERITE. Après tout, je n'y vois pas d'inconvénient.

Juliette rend le sceptre au Roi.

LE ROI. Ce n'est peut-être pas vrai. Dites-moi que ce n'est pas vrai. C'est un cauchemar. (*Silence des autres.*) Il y a peut-être une chance sur dix, une chance sur mille. (*Silence des autres; le Roi sanglote.*) Je gagnais souvent à la loterie.

LE MÉDECIN. Majesté!

LE ROI. Je ne peux plus vous écouter, j'ai trop peur.

Il sanglote, il gémit.

MARGUERITE. Tu dois écouter, Sire.

LE ROI. Je ne veux pas de vos paroles. Elles me font peur. Je ne veux plus entendre parler. (*A Marie qui voulait s'approcher de lui.*) N'approche pas, toi non plus. Ta pitié me fait peur.

Le Roi gémit de nouveau.

MARIE. Il est comme un petit enfant. Il est redevenu un petit enfant.

MARGUERITE. Un petit enfant barbu, ridé, moche. Que vous êtes indulgente!

JULIETTE,*à Marguerite.* Vous ne vous mettez pas à sa place.

LE ROI. Parlez-moi, au contraire, parlez. Entourez-moi, retenez-moi. Qu'on me soutienne. Non, je veux fuir.

Il se lève difficilement et ira s'installer sur l'autre petit trône à droite.

JULIETTE. Ses jambes ne le portent plus.

LE ROI. J'ai du mal aussi à bouger mes bras. Est-ce que cela commence? Non. Pourquoi suis-je né si ce n'était pas pour toujours? Maudits parents. Quelle drôle d'idée, quelle bonne blague! Je suis venu au monde il y a cinq minutes, je me suis marié il y a trois minutes.

MARGUERITE. Cela fait deux cent quatre-vingt-trois ans.

LE ROI. Je suis monté sur le trône il y a deux minutes et demie.

MARGUERITE. Il y a deux cent soixante-dix-sept ans et trois mois.

LE ROI. Pas eu le temps de dire ouf! Je n'ai pas eu le temps de connaître la vie.

MARGUERITE, *au Médecin.* Il n'a fait aucun effort pour cela.

MARIE. Ce ne fut qu'une courte promenade dans une allée fleurie, une promesse non tenue, un sourire qui s'est refermé.*

MARGUERITE, *au Médecin, continuant.* Il avait pourtant les plus grands savants pour lui expliquer. Et des théologiens, et des personnes d'expérience, et des livres qu'il n'a jamais lus.

LE ROI. Je n'ai pas eu le temps.

MARGUERITE, *au Roi.* Tu disais que tu avais tout ton temps.

LE ROI. Je n'ai pas eu le temps, je n'ai pas eu le temps, je n'ai pas eu le temps.

JULIETTE. Il remet cela.

MARGUERITE, *au Médecin.* C'est tout le temps la même chose.

LE MÉDECIN. Ça va plutôt mieux. Il gémit, il pleure, mais il commence tout de même à raisonner. Il se plaint, il s'exprime, il proteste, cela veut dire qu'il commence à se résigner.

LE ROI. Je ne me résignerai jamais.

LE MÉDECIN. Puisqu'il dit qu'il ne le veut pas, c'est un signe qu'il va se résigner. Il met la résignation en question. Il se pose le problème.

MARGUERITE. Enfin!

LE MÉDECIN. Majesté, vous avez fait cent quatre-vingts fois la guerre. A la tête de vos armées, vous avez participé à deux mille batailles. D'abord, sur un cheval blanc avec un panache rouge et blanc très voyant et vous n'avez pas eu peur. Ensuite, quand vous avez modernisé l'armée, debout sur un tank ou sur l'aile de l'avion de chasse en tête de la formation.

MARIE. C'était un héros.

LE MÉDECIN. Vous avez frôlé mille fois la mort.

LE ROI. Je la frôlais seulement. Elle n'était pas pour moi, je le sentais.

MARIE. Tu étais un héros, entends-tu? Souviens-toi.

MARGUERITE. Tu as fait assassiner par ce médecin et bourreau ici présent...

LE ROI. Exécuter, non pas assassiner.

LE MÉDECIN, *à Marguerite*. Exécuter, Majesté, non pas assassiner. J'obéissais aux ordres. J'étais un simple instrument, un exécutant plutôt qu'un exécuteur, et je le faisais euthanasiquement.* D'ailleurs, je le regrette. Pardon.

MARGUERITE, *au Roi*. Je dis: tu as fait massacrer mes parents, tes frères rivaux, nos cousins et arrière-petits-cousins, leurs familles, leurs amis, leur bétail. Tu as fait incendier leurs terres.

LE MÉDECIN. Sa Majesté disait que de toute façon ils allaient mourir un jour.

LE ROI. C'était pour des raisons d'État.

MARGUERITE. Tu meurs aussi pour une raison d'État.

LE ROI. Mais l'État, c'est moi.

JULIETTE. Le malheureux! Dans quel état!*

MARIE. Il était la loi, au-dessus des lois.

LE ROI. Je ne suis plus la loi.

LE MÉDECIN. Il l'admet. C'est de mieux en mieux.

MARGUERITE. Ça facilite la chose.

LE ROI, *gémissant*. Je ne suis plus au-dessus des lois, je ne suis plus au-dessus des lois.

LE GARDE, *annonçant.* Le Roi n'est plus au-dessus des lois.

JULIETTE. Il n'est plus au-dessus des lois, pauvre vieux. Il est comme nous. On dirait mon grand-père.

MARIE. Pauvre petit, mon pauvre enfant.

LE ROI. Un enfant! Un enfant! Alors, je recommence! Je veux recommencer. (*A Marie.*) Je veux être un bébé, tu seras ma mère. Alors, on ne viendra pas me chercher. Je ne sais pas lire, je ne sais pas écrire, je ne sais pas compter. Qu'on me mène à l'école avec des petits camarades. Combien font deux et deux?

JULIETTE. Deux et deux font quatre.

MARGUERITE, *au Roi.* Tu le sais.

LE ROI. C'est elle qui a soufflé... Hélas, on ne peut pas tricher. Hélas, hélas, tant de gens naissent en ce moment, des naissances innombrables dans le monde entier.

MARGUERITE. Pas dans notre pays.

LE MÉDECIN. La natalité est réduite à zéro.

JULIETTE. Pas une salade ne pousse, pas une herbe.

MARGUERITE, *au Roi.* La stérilité absolue,* à cause de toi.

MARIE. Je ne veux pas qu'on l'accable.

JULIETTE. Tout repoussera peut-être.

MARGUERITE. Quand il aura accepté. Sans lui.

LE ROI. Sans moi, sans moi. Ils vont rire, ils vont bouffer, ils vont danser sur ma tombe. Je n'aurai jamais existé. Ah, qu'on se souvienne de moi. Que l'on pleure, que l'on désespère. Que l'on perpétue ma mémoire dans tous les manuels d'histoire. Que tout le monde connaisse ma vie par cœur. Que tous la revivent. Que les écoliers et les savants n'aient pas d'autre sujet d'étude que moi, mon royaume, mes exploits. Qu'on brûle tous les autres livres, qu'on détruise toutes les statues, qu'on mette la mienne sur toutes les places publiques. Mon image dans tous les ministères, dans les bureaux de toutes les sous-préfectures, chez les contrôleurs fiscaux, dans les hôpitaux. Qu'on donne mon nom à tous les avions, à tous les vaisseaux, aux voitures à bras et à vapeur. Que tous les autres rois, les guerriers, les poètes, les ténors, les philosophes soient oubliés et qu'il n'y ait plus que moi dans toutes les consciences. Un seul nom de baptême, un seul nom de famille pour tout le monde. Que l'on

apprenne à lire en épelant mon nom: B-é-Bé, Bérenger. Que
je sois sur les icônes, que je sois sur les millions de croix dans
toutes les églises. Que l'on dise des messes pour moi, que je sois
l'hostie.* Que toutes les fenêtres éclairées aient la couleur et la
forme de mes yeux, que les fleuves dessinent dans les plaines le
profil de mon visage! Que l'on m'appelle éternellement, qu'on
me supplie, que l'on m'implore.

MARIE. Peut-être reviendras-tu?

LE ROI. Peut-être reviendrai-je.* Que l'on garde mon corps
intact dans un palais sur un trône, que l'on m'apporte des
nourritures. Que des musiciens jouent pour moi, que des
vierges se roulent à mes pieds refroidis.

Le Roi s'est levé pour dire cette tirade.

JULIETTE, *à Marguerite.* C'est le délire, Madame.

LE GARDE, *annonçant.* Sa Majesté le Roi délire.

MARGUERITE. Pas encore. Il est encore trop sensé. A la fois trop
et pas assez.

LE MÉDECIN, *au Roi.* Si telle est votre volonté, on embaumera
votre corps, on le conservera.

JULIETTE. Tant qu'on pourra.

LE ROI. Horreur! Je ne veux pas qu'on m'embaume. Je ne veux
pas de ce cadavre. Je ne veux pas qu'on me brûle! Je ne veux
pas qu'on m'enterre, je ne veux pas qu'on me donne aux
vautours ni aux fauves. Je veux qu'on me garde dans des bras
chauds, dans des bras frais, dans des bras tendres, dans des bras
fermes.

JULIETTE. Il ne sait pas très bien ce qu'il veut.

MARGUERITE. Nous déciderons pour lui. (*A Marie.*) Ne vous
évanouissez pas. (*Juliette pleure.*) Celle-là aussi. C'est toujours
pareil.

LE ROI. Si l'on se souvient de moi, ce sera pour combien de
temps? Qu'ils se souviennent jusqu'à la fin des temps. Et
après la fin des temps, dans vingt mille ans, dans deux cent
cinquante-cinq milliards d'années... Plus personne pour personne. Ils oublieront avant. Des égoïstes, tous, tous. Ils ne

pensent qu'à leur vie, qu'à leur peau. Pas à la mienne. Si toute la terre s'use et fond, cela viendra, si tous les univers éclatent, ils éclateront, que ce soit demain ou dans des siècles et des siècles, c'est la même chose. Ce qui doit finir est déjà fini.

MARGUERITE. Tout est hier.

JULIETTE. Même aujourd'hui c'était hier.

LE MÉDECIN. Tout est passé.

MARIE. Mon chéri, mon Roi, il n'y a pas de passé, il n'y a pas de futur. Dis-le-toi, il y a un présent jusqu'au bout, tout est présent; sois présent. Sois présent.

LE ROI. Hélas! Je ne suis présent qu'au passé.*

MARIE. Mais non.

MARGUERITE, *au Roi*. C'est cela, sois lucide, Bérenger.

MARIE. Oui, sois lucide, mon Roi, mon chéri. Ne te tourmente plus. Exister, c'est un mot,* mourir est un mot, des formules, des idées que l'on se fait. Si tu comprends cela, rien ne pourra t'entamer. Saisis-toi, tiens-toi bien, ne te perds plus de vue, plonge dans l'ignorance de toute autre chose. Tu es, maintenant, tu es. Ne sois plus qu'une interrogation infinie: qu'est-ce que c'est, qu'est-ce que... L'impossibilité de répondre est la réponse même, elle est ton être même qui éclate, qui se répand. Plonge dans l'étonnement et la stupéfaction sans limites, ainsi tu peux être sans limites, ainsi tu peux être infiniment. Sois étonné, sois ébloui, tout est étrange, indéfinissable. Écarte les barreaux de la prison, enfonce ses murs, évade-toi des définitions. Tu respireras.

LE MÉDECIN. Il étouffe.

MARGUERITE. La peur lui bouche l'horizon.

MARIE. Laisse-toi inonder par la joie, par la lumière, sois étonné, sois ébloui. L'éblouissement pénètre les chairs et les os comme un flot, comme un fleuve de lumière éclatant. Si tu le veux.

JULIETTE. Il voudrait bien.

MARIE, *joignant les mains; ton des supplications*. Souviens-toi, je t'en supplie, de ce matin de juin au bord de la mer, où nous étions ensemble, la joie t'éclairait, te pénétrait. Tu l'as eue cette joie, tu disais qu'elle était là, inaltérable, féconde, intarissable. Si tu l'as dit, tu le dis. Cette resplendissante aurore était en toi. Si

Eugène Ionesco

elle l'était, elle l'est toujours. Retrouve-la. En toi-même, cherche-la.

LE ROI. Je ne comprends pas.

MARIE. Tu ne te comprends plus.

MARGUERITE. Il ne s'est jamais compris.

MARIE. Ressaisis-toi.

LE ROI. Comment m'y prendre? On ne peut pas, ou bien on ne veut pas m'aider. Moi-même, je ne puis m'aider. O soleil, aide-moi soleil, chasse l'ombre, empêche la nuit. Soleil, soleil éclaire toutes les tombes, entre dans tous les coins sombres et les trous et les recoins, pénètre en moi. Ah! Mes pieds commencent à refroidir, viens me réchauffer, que tu entres dans mon corps, sous ma peau, dans mes yeux. Rallume leur lumière défaillante, que je voie, que je voie, que je voie. Soleil, soleil, me regretteras-tu? Petit soleil, bon soleil, défends-moi. Dessèche et tue le monde entier s'il faut un petit sacrifice. Que tous meurent pourvu que je vive éternellement même tout seul dans le désert sans frontières. Je m'arrangerai avec la solitude. Je garderai le souvenir des autres, je les regretterai sincèrement. Je peux vivre dans l'immensité transparente du vide. Il vaut mieux regretter que d'être regretté. D'ailleurs, on ne l'est pas. Lumière des jours, au secours!

LE MÉDECIN, *à Marie*. Ce n'est pas de cette lumière que vous lui parliez. Ce n'est pas ce désert dans la durée que vous lui recommandiez. Il ne vous a pas comprise, il ne peut plus, pauvre cerveau.

MARGUERITE. Vaine intervention. Ce n'est pas la bonne voie.

LE ROI. Que j'existe même avec une rage de dents pendant des siècles et des siècles. Hélas, ce qui doit finir est déjà fini.

LE MÉDECIN. Alors, Sire, qu'est-ce que vous attendez?

MARGUERITE. Il n'y a que sa tirade qui n'en finit plus. (*Montrant la reine Marie et Juliette.*) Et ces deux femmes qui pleurent. Elles l'enlisent davantage, ça le colle, ça l'attache, ça le freine.

LE ROI. Non, on ne pleure pas assez autour de moi, on ne me plaint pas assez. On ne s'angoisse pas assez. (*A Marguerite.*) Qu'on ne les empêche pas de pleurer, de hurler, d'avoir pitié du Roi, du jeune Roi, du pauvre petit Roi, du vieux Roi. Moi, j'ai pitié quand je pense qu'elles me regretteront, qu'elles ne me verront plus, qu'elles seront abandonnées, qu'elles seront seules. C'est encore moi qui pense aux autres, à tous. Entrez en moi, vous autres, soyez moi, entrez dans ma peau. Je meurs, vous entendez, je veux dire que je meurs, je n'arrive pas à le dire, je ne fais que de la littérature.*

MARGUERITE. Et encore!

LE MÉDECIN. Ses paroles ne méritent pas d'être consignées. Rien de nouveau.

LE ROI. Ils sont tous des étrangers. Je croyais qu'ils étaient ma famille. J'ai peur, je m'enfonce, je m'engloutis, je ne sais plus rien, je n'ai pas été. Je meurs.

MARGUERITE. C'est cela la littérature.

LE MÉDECIN. On en fait jusqu'au dernier moment. Tant qu'on est vivant, tout est prétexte à littérature.

MARIE. Si cela pouvait le soulager.

LE GARDE, *annonçant*. La littérature soulage un peu le Roi!

LE ROI. Non, non. Je sais, rien ne me soulage. Elle me remplit, elle me vide. Ah, la la, la, la, la, la, la. (*Lamentations. Puis, sans déclamation, comme s'il gémissait doucement:*) Vous tous, innombrables, qui êtes morts avant moi, aidez-moi. Dites-moi comment vous avez fait pour mourir, pour accepter. Apprenez-le-moi. Que votre exemple me console, que je m'appuie sur vous comme sur des béquilles, comme sur des bras fraternels. Aidez-moi à franchir la porte que vous avez franchie. Revenez de ce côté-ci un instant pour me secourir. Aidez-moi, vous, qui avez eu peur et n'avez pas voulu. Comment cela s'est-il passé? Qui vous a soutenus? Qui vous a entraînés, qui vous a poussés? Avez-vous eu peur jusqu'à la fin? Et vous, qui étiez forts et courageux, qui avez consenti à mourir avec indifférence et sérénité, apprenez-moi l'indifférence, apprenez-moi la sérénité, apprenez-moi la résignation.

Les répliques qui suivent doivent être dites et jouées comme un rituel, *avec solennité, presque chantées, avec des mouvements divers des comédiens, agenouillements, bras tendus, etc.*

JULIETTE. Vous les statues, vous les lumineux, ou les ténébreux, vous les anciens, vous les ombres, vous les souvenirs...

MARIE. Apprenez-lui la sérénité.

LE GARDE. Apprenez-lui l'indifférence.

LE MÉDECIN. Apprenez-lui la résignation.

MARGUERITE. Faites-lui entendre raison et qu'il se calme.

LE ROI. Vous, les suicidés, apprenez-moi comment il faut faire pour acquérir le dégoût de l'existence. Apprenez-moi la lassitude. Quelle drogue faut-il prendre pour cela ?

LE MÉDECIN. Je peux prescrire des pilules euphoriques, des tranquillisants.

MARGUERITE. Il les vomirait.

JULIETTE. Vous, les souvenirs...

LE GARDE. Vous, les vieilles images...

JULIETTE. ...Qui n'existez plus que dans les mémoires...

LE GARDE. Souvenirs de souvenirs de souvenirs...

MARGUERITE. Ce qu'il doit apprendre, c'est de céder un peu, puis de s'abandonner carrément.

LE GARDE. ...Nous vous invoquons.

MARIE. Vous, les brumes, vous, les rosées...

JULIETTE. Vous, les fumées, vous, les nuages...

MARIE. Vous, les saintes, vous les sages, vous les folles, aidez-le puisque je ne peux l'aider.

JULIETTE. Aidez-le.

LE ROI. Vous, qui êtes morts dans la joie, qui avez regardé en face, qui avez assisté à votre propre fin...

JULIETTE. Aidez le Roi.

MARIE. Aidez-le vous tous, aidez-le, je vous en supplie.

LE ROI. Vous, les morts heureux, vous avez vu quel visage près du vôtre ? Quel sourire vous a détendus et fait sourire ? Quelle est la lumière dernière qui vous a éclairés ?

JULIETTE. Aidez-le, vous, les milliards de défunts.

LE GARDE. Oh, Grand Rien, aidez le Roi.

LE ROI. Des milliards de morts. Ils multiplient mon angoisse. Je suis leurs agonies. Ma mort est innombrable. Tant d'univers s'éteignent en moi.

MARGUERITE. La vie est un exil.

LE ROI. Je sais, je sais.

LE MÉDECIN. En somme, Majesté, vous retournerez dans votre patrie.*

MARIE. Tu iras là où tu étais avant de naître. N'aie pas si peur. Tu dois connaître cet endroit, d'une façon obscure, bien sûr.

LE ROI. J'aime l'exil. Je me suis expatrié. Je ne veux pas y retourner. Quel était ce monde ?

MARGUERITE. Souviens-toi, fais un effort.

LE ROI. Je ne vois rien, je ne vois rien.

MARGUERITE. Souviens-toi, allons, pense, allons, réfléchis. Pense, pense donc, tu n'as jamais pensé.

LE MÉDECIN. Il n'y a plus jamais pensé.

MARIE. Autre monde, monde perdu, monde oublié, monde englouti, remontez à la surface.

JULIETTE. Autre plaine, autre montagne, autre vallée...

MARIE. Rappelez-lui votre nom.

LE ROI. Aucun souvenir de cette patrie.

JULIETTE. Il ne se souvient pas de sa patrie.

LE MÉDECIN. Il est trop affaibli, il n'est pas en état.

LE ROI. Aucune nostalgie, si ténue, si fugitive soit-elle.

MARGUERITE. Enfonce-toi dans tes souvenirs, plonge dans l'absence de souvenirs, au-delà du souvenir. (*Au Médecin.*) Il n'a du regret que pour ce monde-ci.

MARIE. Souvenir au-delà du souvenir, apparais-lui, aide-le.

LE MÉDECIN. Pour le faire plonger, voyez-vous, c'est tout une histoire.

MARGUERITE. Il faudra bien.

LE GARDE. Sa Majesté n'a jamais été bathyscaphe.*

JULIETTE. Dommage. Il n'est pas entraîné.

MARGUERITE. Il faudra bien qu'il apprenne le métier.

LE ROI. Quand elle est en danger de mort, la moindre fourmi se débat, elle est abandonnée, brusquement arrachée à sa collectivité. En elle aussi, tout l'univers s'éteint. Il n'est pas naturel de mourir, puisqu'on ne veut pas. Je veux être.

JULIETTE. Il veut toujours être, il ne connaît que cela.

MARIE. Il a toujours été.

MARGUERITE. Il faudra qu'il ne regarde plus autour, qu'il ne

s'accroche plus aux images, il faut qu'il rentre en lui et qu'il
s'enferme. (*Au Roi.*) Ne parle plus, tais-toi, reste dedans. Ne
regarde plus, cela te fera du bien.

LE ROI. Je ne veux pas de ce bien.

LE MÉDECIN, *à Marguerite.* On n'en est pas encore là pour
l'instant. Il ne peut pas maintenant. Votre Majesté doit le pousser, bien sûr, pas trop fort encore.

MARGUERITE. Ce ne sera pas facile, mais nous avons la patience.

LE MÉDECIN. Nous sommes sûrs du résultat.

LE ROI. Docteur, Docteur, l'agonie a-t-elle commencé?... Non,
vous vous trompez... pas encore... pas encore. (*Sorte de soupir
de soulagement.*) Ça n'a pas encore commencé. Je suis, je suis ici.
Je vois, il y a ces murs, il y a ces meubles, il y a de l'air, je
regarde les regards, les voix me parviennent, je vis, je me
rends compte, je vois, j'entends, je vois, j'entends. Les fanfares!

Sortes de fanfares très faibles. Il marche.

LE GARDE. Le Roi marche, vive le Roi!

Le Roi tombe.

JULIETTE. Il tombe.

LE GARDE. Le Roi tombe, le Roi meurt.

Le Roi se relève.

MARIE. Il se relève.

LE GARDE. Le Roi se relève, vive le Roi!

MARIE. Il se relève.

LE GARDE. Vive le Roi! (*Le Roi tombe.*) Le Roi est mort.

MARIE. Il se relève. (*Il se relève en effet.*) Il est vivant.

LE GARDE. Vive le Roi!

Le Roi se dirige vers son trône.

JULIETTE. Il veut s'asseoir sur son trône.

MARIE. Il règne! Il règne!

LE MÉDECIN. Et maintenant, c'est le délire.

MARIE, *au Roi qui essaye de gravir les marches du trône en titubant.* Ne lâche pas, accroche-toi. (*A Juliette qui veut aider le Roi.*) Tout seul, il peut tout seul.

Il n'arrive pas à gravir les marches du trône.

LE ROI. Pourtant, j'ai des jambes.

MARIE. Avance.

MARGUERITE. Il nous reste trente-deux minutes trente secondes.

LE ROI. Je me relève.

LE MÉDECIN. C'est l'avant-dernier sursaut.

Il a parlé à Marguerite.
Le Roi tombe dans le fauteuil à roulettes que Juliette vient justement d'avancer. On le couvre, on lui met une bouillotte, il dit toujours:

LE ROI. Je me relève.

La bouillotte, la couverture, etc., viennent petit à petit dans la scène qui suit, apportées par Juliette.

MARIE. Tu es essoufflé, tu es fatigué, repose-toi, tu te relèveras après.

MARGUERITE, *à Marie.* Ne mens pas. Ça ne l'aide pas.

LE ROI, *dans son fauteuil.* J'aimais la musique de Mozart.

MARGUERITE. Tu l'oublieras.

LE ROI, *à Juliette.* As-tu raccommodé mon pantalon? Penses-tu que ce ne soit plus la peine? Il y avait un trou dans mon manteau de pourpre. L'as-tu rapiécé? As-tu recousu les boutons qui manquaient à mon pyjama? As-tu fait ressemeler mes souliers?

JULIETTE. Je n'y ai plus pensé.

LE ROI. Tu n'y as plus pensé! A quoi penses-tu? Parle-moi, que fait ton mari?

Juliette a mis ou met sa coiffe d'infirmière et un tablier blanc.

JULIETTE. Je suis veuve.

LE ROI. A quoi penses-tu quand tu fais le ménage?
JULIETTE. A rien, Majesté.

Tout ce qui va être dit par le Roi dans cette scène doit être dit avec hébétude, stupéfaction, plutôt qu'avec pathétisme.

LE ROI. D'où viens-tu? Quelle est ta famille?
MARGUERITE, *au Roi.* Cela ne t'a jamais intéressé.
MARIE. Il n'a jamais eu le temps de lui demander.
MARGUERITE, *au Roi.* Cela ne t'intéresse pas vraiment.
LE MÉDECIN. Il veut gagner du temps.
LE ROI, *à Juliette.* Dis-moi ta vie. Comment vis-tu?
JULIETTE. Je vis mal, Seigneur.
LE ROI. On ne peut pas vivre mal. C'est une contradiction.
JULIETTE. La vie n'est pas belle.
LE ROI. Elle est la vie.

Ce n'est pas un véritable dialogue, le Roi se parle plutôt à lui-même.

JULIETTE. En hiver, quand je me lève, il fait encore nuit. Je suis glacée.
LE ROI. Moi aussi. Ce n'est pas le même froid. Tu n'aimes pas avoir froid?
JULIETTE. En été, quand je me lève, il commence à peine à faire jour. La lumière est blême.
LE ROI, *avec ravissement.* La lumière est blême! Il y a toutes sortes de lumières : la bleue, la rose, la blanche, la verte, la blême!
JULIETTE. Je lave le linge de toute la maison au lavoir. J'ai mal aux mains, ma peau est crevassée.
LE ROI, *avec ravissement.* Ça fait du mal. On sent sa peau. On ne t'a pas encore acheté une machine à laver? Marguerite, pas de machine à laver dans un palais!
MARGUERITE. On a dû la laisser en gages pour un emprunt d'État.
JULIETTE. Je vide des pots de chambre. Je fais les lits.
LE ROI. Elle fait les lits! On y couche, on s'y endort, on s'y réveille. Est-ce que tu t'es aperçu que tu te réveillais tous les jours? Se réveiller tous les jours... On vient au monde tous les matins.

JULIETTE. Je frotte les parquets. Je balaye, je balaye, je balaye. Ça n'en finit pas.

LE ROI, *avec ravissement*. Ça n'en finit pas!

JULIETTE. J'en ai mal dans le dos.

LE ROI. C'est vrai. Elle a un dos. Nous avons un dos.

JULIETTE. J'ai mal aux reins.

LE ROI. Aussi des reins!

JULIETTE. Depuis qu'il n'y a plus de jardinier, je bêche, et je pioche. Je sème.

LE ROI. Et ça pousse!

JULIETTE. Je n'en peux plus de fatigue.

LE ROI. Tu aurais dû nous le dire.

JULIETTE. Je vous l'avais dit.

LE ROI. C'est vrai. Tant de choses m'ont échappé. Je n'ai pas tout su. Je n'ai pas été partout. Ma vie aurait pu être pleine.

JULIETTE. Ma chambre n'a pas de fenêtre.

LE ROI, *avec le même ravissement*. Pas de fenêtre! On sort. On cherche la lumière. On la trouve. On lui sourit. Pour sortir, tu tournes la clef dans la serrure, tu ouvres la porte, tu fais de nouveau tourner la clef, tu refermes la porte. Où habites-tu?

JULIETTE. Au grenier.

LE ROI. Pour descendre, tu prends l'escalier, tu descends une marche, encore une marche, encore une marche, encore une marche, encore une marche, encore une marche. Pour t'habiller, tu avais mis des bas, des souliers.

JULIETTE. Des souliers éculés!

LE ROI. Une robe. C'est extraordinaire!...

JULIETTE. Une robe moche, de quatre sous.

LE ROI. Tu ne sais pas ce que tu dis. Que c'est beau une robe moche.

JULIETTE. J'ai eu un abcès dans la bouche. On m'a arraché une dent.

LE ROI. On souffre beaucoup. La douleur s'atténue, elle disparaît. Quel soulagement! On est très heureux après.

JULIETTE. Je suis fatiguée, fatiguée, fatiguée.

LE ROI. Après on se repose. C'est bon.

IETTE. Je n'en ai pas le loisir.

LE ROI. Tu peux espérer que tu l'auras... Tu marches, tu prends un panier, tu vas faire les courses. Tu dis bonjour à l'épicier.

JULIETTE. Un bonhomme obèse, il est affreux. Tellement laid qu'il fait fuir les chats et les oiseaux.

LE ROI. Comme c'est merveilleux. Tu sors ton porte-monnaie, tu payes, on te rend la monnaie. Au marché, il y a des aliments de toutes les couleurs, salade verte, cerises rouges, raisin doré, aubergine violette... tout l'arc-en-ciel!... Extraordinaire, incroyable. Un conte de fées.

JULIETTE. Ensuite, je rentre... Par le même chemin.

LE ROI. Deux fois par jour le même chemin! Le ciel au-dessus! Tu peux le regarder deux fois par jour. Tu respires. Tu ne penses jamais que tu respires. Penses-y. Rappelle-toi. Je suis sûr que tu n'y fais pas attention. C'est un miracle.

JULIETTE. Et puis, et puis, je lave la vaisselle de la veille. Des assiettes pleines de gras qui colle. Et puis, j'ai la cuisine à faire.

LE ROI. Quelle joie!

JULIETTE. Au contraire. Ça m'ennuie. J'en ai assez.

LE ROI. Ça t'ennuie! Il y a des êtres qu'on ne comprend pas. C'est beau aussi de s'ennuyer, c'est beau aussi de ne pas s'ennuyer, et de se mettre en colère, et de ne pas se mettre en colère, et d'être mécontent et d'être content, et de se résigner et de revendiquer. On s'agite, et vous parlez et on vous parle, vous touchez et on vous touche. Une féerie tout ça, une fête continuelle.

JULIETTE. En effet, ça n'arrête pas. Après, je dois encore servir à table.

LE ROI, *avec le même ravissement.* Tu sers à table! Tu sers à table! Que sers-tu à table?

JULIETTE. Le repas que j'ai préparé.

LE ROI. Par exemple, quoi?

JULIETTE. Je ne sais pas, le plat du jour, le pot-au-feu!

LE ROI. Le pot-au-feu!... Le pot-au-feu!

Rêveur.

JULIETTE. C'est un repas complet.*

LE ROI. J'aimais tellement le pot-au-feu; avec des légumes, des pommes de terre, des choux et des carottes, qu'on mélange avec du beurre et qu'on écrase avec la fourchette pour en faire de la purée.

JULIETTE. On pourrait lui en apporter..

LE ROI. Qu'on m'en apporte.

MARGUERITE. Non.

JULIETTE. Si ça lui fait plaisir.

LE MÉDECIN. Mauvais pour sa santé. Il est à la diète.

LE ROI. Je veux du pot-au-feu.

LE MÉDECIN. Ce n'est pas recommandé pour la santé des mourants.

MARIE. C'est peut-être son dernier désir.

MARGUERITE. Il faut qu'il s'en détache.

LE ROI, *rêveur.* Le bouillon... les pommes de terre chaudes... les carottes bien cuites.

JULIETTE. Il fait encore des jeux de mots.

LE ROI, *avec fatigue.* Je n'avais encore jamais remarqué que les carottes étaient si belles. (*A Juliette.*) Va vite tuer les deux araignées de la chambre à coucher. Je ne veux pas qu'elles me survivent. Non, ne les tue pas. Elles ont peut-être quelque chose de moi... mort, le pot-au-feu... disparu de l'univers. Il n'y a jamais eu de pot-au-feu.

LE GARDE, *annonçant.* Pot-au-feu défendu sur toute l'étendue du territoire.

MARGUERITE. Enfin! Une chose faite! Il y a renoncé. C'est par les désirs les moins importants que l'on doit commencer. Il faut s'y prendre avec beaucoup d'adresse, oui, on peut commencer maintenant. Doucement, comme pour un pansement qui entoure une plaie à vif, un pansement dont on soulève d'abord les marges les plus éloignées du cœur de la blessure. (*S'approchant du Roi.*) Essuie sa sueur, Juliette, il est tout trempé. (*A Marie.*) Non, pas toi.

LE MÉDECIN, *à Marguerite.* C'est sa terreur qui s'en va petit à petit par les pores. (*Il examine le malade tandis que Marie peut se mettre un moment à genoux en se couvrant le visage de ses mains.*) Voyez-vous, sa température a baissé, pourtant, il n'a presque plus la chair de poule. Ses cheveux qui s'étaient hérissés se détendent et se couchent. Il n'est pas encore habitué à l'épouvante, non, non, mais il peut la regarder dedans, c'est pour cela qu'il ose fermer les yeux. Il les rouvrira. Les traits sont encore défaits mais regardez comme les rides et la vieillesse s'installent sur son visage. Déjà il les laisse progresser. Il aura encore des secousses, ça ne vient pas si vite. Mais il n'aura plus les coliques de la terreur. Cela aurait été déshonorant. Il aura encore de la terreur, de la terreur pure, sans complication abdominale. On ne peut espérer une mort exemplaire. Toutefois, ce sera à peu près convenable. Il mourra de sa mort et non plus de sa peur. Il faudra quand même l'aider, Majesté, il faudra beaucoup l'aider, jusqu'à la dernière seconde, jusqu'au tout dernier souffle.

MARGUERITE. Je l'aiderai. Je le lui ferai sortir. Je le décollerai. Je déferai tous les nœuds, je démêlerai l'écheveau embrouillé, je séparerai les grains de cette ivraie têtue, énorme, qui s'y cramponne.

LE MÉDECIN. Ce ne sera pas commode.

MARGUERITE. Où a-t-il pu attraper tant de mauvaises herbes, toutes ces herbes folles ?

LE MÉDECIN. Petit à petit. Elles ont poussé avec les années.

MARGUERITE. Tu deviens sage, Majesté. N'es-tu pas plus tranquille ?

MARIE, *se relevant, au Roi.* Tant qu'elle n'est pas là,* tu es là. Quand elle sera là, tu n'y seras plus, tu ne la rencontreras pas, tu ne la verras pas.

MARGUERITE. Les mensonges de la vie, les vieux sophismes! Nous les connaissons. Elle a toujours été là, présente, dès le premier jour, dès le germe. Elle est la pousse qui grandit, la fleur qui s'épanouit, le seul fruit.

MARIE, *à Marguerite.* Cela aussi est une vérité première, nous la connaissons aussi.

MARGUERITE. C'est la première vérité. Et la dernière.* N'est-ce pas, Docteur ?

LE MÉDECIN. Les deux choses sont vraies. Cela dépend du point de vue.

MARIE, *au Roi.* Tu me croyais, autrefois.

LE ROI. Je meurs.

LE MÉDECIN. Il a changé de point de vue. Il s'est déplacé.

MARIE. S'il faut regarder des deux côtés, regarde aussi du mien.

LE ROI. Je meurs. Je ne peux pas. Je meurs.

MARIE. Ah! Je perds mon pouvoir sur lui.

MARGUERITE, *à Marie.* Ton charme et tes charmes ne jouent plus.

LE GARDE, *annonçant.* Le charme de la reine Marie ne joue plus beaucoup sur le Roi.

MARIE, *au Roi.* Tu m'aimais, tu m'aimes encore, je t'aime toujours.

MARGUERITE. Elle ne pense qu'à elle.

JULIETTE. C'est naturel.

MARIE. Je t'aime toujours, je t'aime encore.

LE ROI. Je ne sais plus, cela ne m'aide pas.

LE MÉDECIN. L'amour est fou.

MARIE, *au Roi.* L'amour est fou. Si tu as l'amour fou, si tu aimes insensément, si tu aimes absolument, la mort s'éloigne. Si tu m'aimes moi, si tu aimes tout, la peur se résorbe. L'amour te porte, tu t'abandonnes et la peur t'abandonne. L'univers est entier, tout ressuscite, le vide se fait plein.

LE ROI. Je suis plein, mais de trous. On me ronge. Les trous s'élargissent, ils n'ont pas de fond. J'ai le vertige quand je me penche sur mes propres trous, je finis.

MARIE. Ce n'est pas fini, les autres aimeront pour toi, les autres verront le ciel pour toi.

LE ROI. Je me meurs.

MARIE. Entre dans les autres, sois les autres. Il y aura toujours... cela, cela.

LE ROI. Quoi cela?

MARIE. Tout cela qui est. Cela ne périt pas.

LE ROI. Il y a encore... il y a encore... il y a encore si peu.

MARIE. Les générations jeunes agrandissent l'univers.

LE ROI. Je meurs.

MARIE. Des constellations sont conquises.

LE ROI. Je meurs.

MARIE. Les téméraires enfoncent les portes des cieux.

LE ROI. Qu'ils les défoncent.

LE MÉDECIN. Ils sont aussi en train de fabriquer les élixirs de l'immortalité.

LE ROI, *au Médecin.* Incapable! Pourquoi ne les as-tu pas inventés toi-même avant?

MARIE. De nouveaux astres sont sur le point d'apparaître.

LE ROI. Je rage.

MARIE. Ce sont des étoiles toutes neuves. Des étoiles vierges.

LE ROI. Elles se flétriront. D'ailleurs, cela m'est égal.

LE GARDE, *annonçant.* Ni les anciennes ni les nouvelles constellations n'intéressent plus Sa Majesté, le roi Bérenger!

MARIE. Une science nouvelle se constitue.

LE ROI. Je meurs.

MARIE. Une autre sagesse· remplace l'ancienne, une plus grande folie, une plus grande ignorance, tout à fait différente, tout à fait pareille. Que cela te console, que cela te réjouisse.

LE ROI. J'ai peur, je meurs.

MARIE. Tu as préparé tout cela.

LE ROI. Sans le faire exprès.

MARIE. Tu as été une étape, un élément, un précurseur. Tu es de toutes les constructions. Tu comptes. Tu seras compté.

LE ROI. Je ne serai pas le comptable.* Je meurs.

MARIE. Tout ce qui a été sera, tout ce qui sera est, tout ce qui sera a été. Tu es inscrit à jamais dans les registres universels.

LE ROI. Qui consultera les archives? Je meurs, que tout meure, non, que tout reste, non, que tout meure puisque ma mort ne peut remplir les mondes! Que tout meure. Non, que tout reste.

LE GARDE. Sa Majesté le Roi veut que tout le reste reste.

LE ROI. Non, que tout meure.

LE GARDE. Sa Majesté le Roi veut que tout meure.

LE ROI. Que tout meure avec moi, non, que tout reste après moi. Non, que tout meure. Non, que tout reste. Non, que tout meure, que tout reste, que tout meure.

MARGUERITE. Il ne sait pas ce qu'il veut.

JULIETTE. Je crois qu'il ne sait plus ce qu'il veut.

LE MÉDECIN. Il ne sait plus ce qu'il veut. Son cerveau dégénère, c'est la sénilité, le gâtisme.

LE GARDE, *annonçant.* Sa Majesté devient gâ...*

MARGUERITE, *au Garde, l'interrompant.* Imbécile, tais-toi. Ne donne plus de bulletins de santé pour la presse. Ça ferait rire ceux qui peuvent encore rire et entendre. Ça réjouit les autres, ils surprennent tes paroles par la télégraphie.

LE GARDE, *annonçant*. Bulletins de santé suspendus, d'ordre de Sa Majesté, la reine Marguerite.

MARIE, *au Roi*. Mon Roi, mon petit Roi...

LE ROI. Quand j'avais des cauchemars, et que je pleurais en dormant, tu me réveillais, tu m'embrassais, tu me calmais.

MARGUERITE. Elle ne peut plus le faire.

LE ROI. Quand j'avais des insomnies et que je quittais la chambre, tu te réveillais aussi. Tu venais me chercher dans la salle du trône, dans ta robe de nuit rose avec des fleurs, et tu me ramenais me coucher en me prenant par la main.

JULIETTE. Avec mon mari, c'était pareil.

LE ROI. Je partageais avec toi mon rhume, ma grippe.

MARGUERITE. Tu n'auras plus de rhume.

LE ROI. On ouvrait les yeux en même temps, le matin, je les fermerai tout seul ou chacun de son côté. Nous pensions aux mêmes choses en même temps. Tu terminais la phrase que j'avais commencée dans ma tête. Je t'appelais pour que tu frottes mon dos quand je prenais mon bain. Tu choisissais mes cravates. Je ne les aimais pas toujours. Nous avions des conflits à ce sujet. Personne ne l'a su, personne ne le saura.

LE MÉDECIN. Ce n'était pas très important.

MARGUERITE. Quel petit bourgeois! Vraiment, ça ne doit pas se savoir.

LE ROI, *à Marie*. Tu n'aimais pas que je sois décoiffé. Tu me peignais.

JULIETTE. C'est attendrissant tout cela.

MARGUERITE, *au Roi*. Tu ne seras plus dépeigné.

JULIETTE. C'est tout de même bien triste.

LE ROI. Tu essuyais ma couronne, tu en frottais les perles pour les faire briller.

MARIE, *au Roi*. M'aimes-tu? M'aimes-tu? Je t'aime toujours. M'aimes-tu encore? Il m'aime encore. M'aimes-tu en ce moment? Je suis là... ici... je suis... regarde, regarde... Vois-moi bien... vois-moi un peu.

LE ROI. Je m'aime toujours, malgré tout je m'aime, je me sens encore. Je me vois. Je me regarde.

MARGUERITE, *à Marie.* Assez! (*Au Roi.*) Ne regarde plus derrière. On te le recommande. Ou alors dépêche-toi. Tout à l'heure, on te l'ordonnera. (*A Marie.*) Tu ne peux plus lui faire que du tort, je te l'avais dit.

LE MÉDECIN, *regardant sa montre.* Il se met en retard... Il retourne.

MARGUERITE. Ce n'est rien. Ne vous inquiétez pas, monsieur le Docteur, monsieur le Bourreau. Ces retours, ces tours et ces détours... c'était prévu, c'est dans le programme.

LE MÉDECIN. Avec une bonne crise cardiaque, nous n'aurions pas eu tant d'histoires.

MARGUERITE. Les crises cardiaques, c'est pour les hommes d'affaires.

LE MÉDECIN. ...Ou bien une double pneumonie!

MARGUERITE. C'est pour les pauvres, pas pour les rois.

LE ROI. Je pourrais décider de ne pas mourir.

JULIETTE. Vous voyez, il n'est pas guéri.

LE ROI. Si je décidais de ne pas vouloir, si je décidais de ne pas vouloir, si je décidais de ne pas me décider!

MARGUERITE. Nous pouvons te décider.

LE GARDE, *annonçant.* La Reine et le docteur peuvent obliger le Roi à se décider.

LE MÉDECIN. C'est notre devoir.

LE ROI. Qui peut vous donner la permission de toucher au Roi, à part le Roi?

MARGUERITE. La force nous le donne, la force des choses, le suprême Décret, les consignes.

LE MÉDECIN, *à Marguerite.* C'est nous maintenant qui sommes le commandement et les consignes.

LE GARDE, *pendant que Juliette se met à pousser le Roi dans son fauteuil à roulettes et le promène autour du plateau.* Majesté,* mon Commandant, c'est lui qui avait inventé la poudre. Il a volé le feu aux Dieux* puis il a mis le feu aux poudres. Tout a failli sauter. Il a tout retenu dans ses mains, il a tout reficelé. Je l'aidais, ce n'était pas commode. Il n'était pas commode. Il a installé les premières forges sur la terre. Il a inventé la fabrication de l'acier. Il travaillait dix-huit heures sur vingt-quatre. Nous autres, il nous faisait travailler davantage encore. Il était ingénieur en chef. Monsieur l'Ingénieur a fait le premier ballon, puis le ballon dirigeable. Enfin, il a construit de ses mains le premier aéroplane. Cela n'a pas réussi tout de suite. Les premiers pilotes d'essai, Icare* et tant d'autres, sont tombés dans la mer jusqu'au moment où il a décidé de piloter lui-même. J'étais son mécanicien. Bien avant encore, quand il était petit dauphin, il avait inventé la brouette. Je jouais avec lui. Puis, les rails, le chemin de fer, l'automobile. Il a fait les plans de la tour Eiffel, sans compter les faucilles, les charrues, les moissonneuses, les tracteurs. (*Au Roi.*) N'est-ce pas, monsieur le Mécanicien, vous vous en souvenez?

LE ROI. Les tracteurs, tiens, j'avais oublié.

LE GARDE. Il a éteint les volcans, il en a fait surgir d'autres. Il a bâti Rome, New York, Moscou, Genève. Il a fondé Paris. Il a fait les révolutions, les contre-révolutions, la religion, la réforme, la contre-réforme.

JULIETTE. On ne le dirait pas à le voir.

LE GARDE. Il a écrit *L'Iliade* et *L'Odyssée*.

LE ROI. Qu'est-ce qu'une auto?

JULIETTE, *toujours le poussant dans son fauteuil*. Ça roule tout seul.

LE GARDE. Et en même temps, monsieur l'Historien a fait les meilleurs commentaires sur Homère et l'époque homérique.

LE MÉDECIN. Dans ce cas, vraiment, c'était lui le plus qualifié.

LE ROI. J'ai fait tout cela! Est-ce vrai?

LE GARDE. Il a écrit des tragédies, des comédies, sous le pseudonyme de Shakespeare.

JULIETTE. C'était donc lui Shakespeare?

LE MÉDECIN, *au Garde*. Vous auriez dû nous le dire depuis le temps qu'on se casse la tête pour savoir qui c'était.

LE GARDE. C'était un secret. Il m'avait défendu. Il a inventé le téléphone, le télégraphe, il les a installés lui-même. Il faisait tout de ses mains.

JULIETTE. Il ne savait plus rien faire de ses mains. Pour la moindre réparation, il appelait le plombier.

LE GARDE. Mon Commandant, vous étiez si adroit!

MARGUERITE. Il ne sait plus se chausser, se déchausser.

LE GARDE. Il n'y a pas longtemps, il a inventé la fission de
l'atome.

JULIETTE. Il ne sait plus allumer ni éteindre une lampe.

LE GARDE. Majesté, mon Commandant, Maître, monsieur le
Directeur...

MARGUERITE, *au Garde*. Nous connaissons tous ses mérites
passés. N'en fais plus l'inventaire.

Le Garde reprend sa place.

LE ROI, *pendant qu'on le promène*. Qu'est-ce qu'un cheval?... Voici
des fenêtres, voici des murs, voici un plancher.

JULIETTE. Il reconnaît les murs.

LE ROI. J'ai fait des choses. Qu'a-t-on dit que j'ai fait? Je ne sais
plus ce que j'ai fait. J'oublie, j'oublie. (*Pendant qu'on le pousse.*)
Voici un trône.

MARIE. Tu te souviens de moi? Je suis là, je suis là.

LE ROI. Je suis là. J'existe.

JULIETTE. Il ne se souvient même plus d'un cheval.

LE ROI. Je me souviens d'un petit chat tout roux.

MARIE. Il se souvient d'un chat.

LE ROI. J'avais un petit chat tout roux.* On l'appelait le chat juif.
Je l'avais trouvé dans un champ, volé à sa mère, un vrai sau-
vage. Il avait quinze jours, peut-être plus. Il savait déjà griffer
et mordre. Il était féroce. Je lui ai donné à manger, je l'ai
caressé, je l'ai emmené. Il était devenu le chat le plus doux.
Une fois, il s'est caché dans la manche du manteau d'une
visiteuse, Madame. C'était l'être le plus poli, une politesse
naturelle, un prince. Il venait nous saluer, les yeux tout engourdis, quand on rentrait au milieu de la nuit. Il allait se
recoucher en titubant. Le matin, il nous réveillait pour se
coucher dans notre lit. Un jour, on a fermé la porte. Il a essayé
de l'ouvrir, il la poussait avec le derrière, il s'est fâché, il a fait
un beau tapage; il a boudé, une semaine. Il avait très peur de
l'aspirateur, c'était un chat poltron, un désarmé, un chat
poète. On lui a acheté une souris mécanique. Il s'est mis à la
renifler d'un air inquiet. Quand on a tourné la clef et que la

souris s'est mise à marcher, il a craché, il s'est enfui, il s'est blotti sous l'armoire. Quand il a grandi, des chattes rôdaient autour de la maison, lui faisaient la cour, l'appelaient. Cela l'affolait, il ne bougeait pas. On a voulu lui faire connaître le monde. Nous l'avons mis sur le trottoir près de la fenêtre. Il était atterré. Des pigeons l'entouraient, il avait peur des pigeons. Il m'a appelé avec désespoir, gémissant, tout collé contre le mur. Les animaux, les autres chats étaient pour lui des créatures étranges dont il se méfiait ou des ennemis qu'il craignait. Il ne se sentait bien qu'avec nous. Nous étions sa famille. Il n'avait pas peur des hommes. Il sautait sur leurs épaules sans les avertir, leur léchait les cheveux. Il croyait que que nous étions des chats et que les chats étaient autre chose. Un beau jour, tout de même, il a dû se dire qu'il devait sortir. Le gros chien des voisins l'a tué. Il était comme une poupée-chat, une poupée pantelante, l'œil crevé, une patte arrachée, oui, comme une poupée abîmée par un enfant sadique.

MARIE, *à Marguerite*. Tu n'aurais pas dû laisser la porte ouverte; je t'avais avertie.

MARGUERITE. Je détestais cette bête sentimentale et froussarde.

LE ROI. Ce que j'ai pu le regretter! Il était bon, il était beau, il était sage, toutes les qualités. Il m'aimait, il m'aimait. Mon pauvre chat, mon seul chat.

Cette tirade du chat doit être dite avec le moins d'émotion possible; le Roi doit la dire en prenant un air plutôt d'hébétude, avec une sorte de stupeur rêveuse, sauf peut-être cette toute dernière réplique qui exprime une détresse.

LE MÉDECIN. Je vous dis qu'il retarde.

MARGUERITE. J'y veille. Il est dans les délais réglementaires. Je vous dis que c'était prévu.

LE ROI. Je rêvais de lui... Qu'il était dans la cheminée, couché sur la braise, Marie s'étonnait qu'il ne brûlât pas; j'ai répondu «les chats ne brûlent pas, ils sont ignifugés». Il est sorti de la cheminée en miaulant, il s'en dégageait une fumée épaisse, ce n'était plus lui, quelle métamorphose! C'était un autre chat,

laid, gros. Une énorme chatte. Comme sa mère, la chatte sau-
vage. Il ressemblait à Marguerite.

*Juliette laisse quelques moments le Roi dans son fauteuil roulant, au
milieu, sur le devant du plateau, face au public.*

JULIETTE. C'est malheureux tout de même, c'est bien dommage,
c'était un si bon roi.

Circulation.*

LE MÉDECIN. Il n'était pas commode. Assez méchant. Rancu-
nier. Cruel.

MARGUERITE. Vaniteux.

JULIETTE. Il y en avait de plus méchants.

MARIE. Il était doux, il était tendre.

LE GARDE. Nous l'aimions bien.

LE MÉDECIN, *au Garde et à Juliette.* Vous vous en plaigniez pourtant tous les deux.

JULIETTE. On oublie ça.

LE MÉDECIN. J'ai dû intervenir plusieurs fois pour vous,
auprès de lui.

MARGUERITE. Il n'écoutait que la reine Marie.

LE MÉDECIN. Il était dur, il était sévère, sans être juste pour
autant.

JULIETTE. On le voyait si peu. On le voyait quand même, on le
voyait souvent.

LE GARDE. Il était fort. Il faisait couper des têtes, c'est vrai.

JULIETTE. Pas tellement.

LE GARDE. C'était pour le salut public.

LE MÉDECIN. Résultat: nous sommes entourés d'ennemis.

MARGUERITE. Vous entendez comme ça dégringole. Nous
n'avons plus de frontières, un trou qui grandit nous sépare des
pays voisins.

JULIETTE. Cela vaut mieux. Ils ne peuvent plus nous envahir.

MARGUERITE. L'abîme grandit. Au-dessous il y a le trou,
au-dessus il y a le trou.

LE GARDE. Nous nous maintenons à la surface.

MARGUERITE. Pour très peu de temps.

MARIE. Il vaut mieux périr avec lui.

MARGUERITE. Nous ne sommes plus qu'une surface, nous ne serons plus que l'abîme.

LE MÉDECIN. Tout cela, c'est bien sa faute. Il n'a rien voulu laisser après lui. Il n'a pas pensé à ses successeurs. Après lui, le déluge. Pire que le déluge, après lui, rien. Un ingrat, un égoïste.

JULIETTE. *De mortuis nihil nisi bene.** Il était le roi d'un grand royaume.

MARIE. Il en était le centre. Il en était le cœur.

JULIETTE. Il en était la résidence.

LE GARDE. Le royaume s'étendait tout autour, très loin, très loin. On n'en voyait pas les bornes.

JULIETTE. Illimité dans l'espace.

MARGUERITE. Mais limité dans la durée. A la fois infini et éphémère.

JULIETTE. Il en était le prince, le premier sujet, il en était le père, il en était le fils. Il en fut couronné roi au moment même de sa naissance.

MARIE. Ils ont grandi ensemble, son royaume et lui.

MARGUERITE. Ils disparaissent ensemble.

JULIETTE. Il était le roi, maître de tous les univers.

LE MÉDECIN. Un maître contestable. Il ne le connaissait pas, son royaume.

MARGUERITE. Il le connaissait mal.

MARIE. C'était trop étendu.

JULIETTE. La terre s'effondre avec lui. Les astres s'évanouissent. L'eau disparaît, le feu, l'air, un univers, les univers. Dans quel garde-meuble, dans quelle cave, dans quelle chambre de débarras, dans quel grenier pourra-t-on caser tout cela? Il en faut de la place.

LE MÉDECIN. Quand les rois meurent, ils s'accrochent aux murs, aux arbres, aux fontaines, à la lune; ils s'accrochent...

MARGUERITE. Et ça se décroche.

LE MÉDECIN. Cela fond, cela s'évapore, il n'en reste pas une goutte, pas une poussière, pas une ombre.

JULIETTE. Il emporte tout cela dans son gouffre.

MARIE. Il avait bien organisé son univers. Il n'en était pas tout à fait maître. Il le serait devenu. Il meurt trop tôt. Il avait réparti l'année en quatre saisons. Il s'était tout de même bien arrangé. Il avait imaginé les arbres, les fleurs, les odeurs, les couleurs.

LE GARDE. Un monde à la mesure du Roi.

MARIE. Il avait inventé les océans et les montagnes: près de cinq mille mètres le mont Blanc.

LE GARDE. Plus de huit mille l'Himalaya.

MARIE. Les feuilles tombaient des arbres, elles repoussaient.

JULIETTE. C'était astucieux.

MARIE. Dès le premier jour de sa naissance, il avait créé le soleil.

JULIETTE. Et ça ne suffisait pas. Il faisait faire aussi du feu.

MARGUERITE. Il y a eu les étendues sans limites, il y a eu les étoiles, il y a eu le ciel, il y a eu des océans et des montagnes, il y a eu des plaines, il y a eu des cités, il y a eu des gens, il y a eu des visages, il y a eu des édifices, il y a eu des chambres, il y a eu des lits, il y a eu de la lumière, il y a eu de la nuit, il y a eu des guerres, il y a eu la paix.

LE GARDE. Il y a eu un trône.

MARIE. Il y a eu sa main.

MARGUERITE. Il y a eu un regard. Il y a eu la respiration...

JULIETTE. Il respire toujours.

MARIE. Il respire encore, puisque je suis là.

MARGUERITE, *au Médecin.* Respire-t-il encore?

JULIETTE. Oui, Majesté. Il respire encore puisque nous sommes là.

LE MÉDECIN, *examinant le malade.* Oui, oui, c'est évident. Il respire encore. Les reins ne fonctionnent plus, mais le sang circule. Il circule, comme ça. Il a le cœur solide.

MARGUERITE. Il faudra qu'il en vienne à bout. A quoi bon un cœur qui bat sans raison?

LE MÉDECIN. En effet. Un cœur fou. Vous entendez? (*On entend les battements affolés du cœur du Roi.*) Ça part, ça va très vite, ça ralentit, ça part de nouveau à toute allure.

Les battements de cœur du Roi ébranlent la maison. La fissure s'élargit au mur, d'autres apparaissent. Un pan peut s'écrouler ou s'effacer.

JULIETTE. Mon Dieu! Tout va s'écrouler!

MARGUERITE. Un cœur fou, un cœur de fou!

LE MÉDECIN. Un cœur en panique. Il la communique à tout le monde.

MARGUERITE, *à Juliette*. Cela va se calmer, bientôt.

LE MÉDECIN. Nous connaissons toutes les phases. C'est toujours ainsi lorsqu'un univers s'anéantit.*

MARGUERITE, *à Marie*. C'est bien la preuve que son univers n'est pas unique.

JULIETTE. Il ne s'en doutait pas.

MARIE. Il m'oublie. En ce moment, il est en train de m'oublier. Je le sens, il m'abandonne. Je ne suis plus rien s'il m'oublie. Je ne peux plus vivre si je ne suis pas dans son cœur affolé. Tiens bon, tiens bon. Serre tes mains de toutes tes forces. Ne me lâche pas.

JULIETTE. Il n'a plus de force.

MARIE. Cramponne-toi, ne me lâche pas. C'est moi qui te fais vivre. Je te fais vivre, tu me fais vivre. Comprends-tu, comprends-tu? Si tu m'oublies, si tu m'abandonnes, je ne peux plus exister, je ne suis plus rien.

LE MÉDECIN. Il sera une page dans un livre de dix mille pages que l'on mettra dans une bibliothèque qui aura un million de livres, une bibliothèque parmi un million de bibliothèques.

JULIETTE. Pour retrouver cette page, ce ne sera pas commode.

LE MÉDECIN. Mais si. Ça se retrouvera, dans le catalogue, par ordre alphabétique et par ordre des matières... jusqu'au jour où le papier sera réduit en poussière... et encore, cela brûlera certainement avant. Il y a toujours des incendies dans les bibliothèques.

JULIETTE. Il serre les poings. De nouveau il s'accroche, il résiste. Il revient à lui.

MARIE. Il revient à moi.

JULIETTE, *à Marie*. Votre voix le réveille, il a les yeux ouverts, il vous regarde.

LE MÉDECIN. Oui, son cœur accroche encore.

MARGUERITE. Dans quel état pour un agonisant. Dans une haie d'épines. Il est dans une haie d'épines. Comment le tirer de là? (*Au Roi*.) Tu es enlisé dans la boue, tu es pris dans les ronces.

JULIETTE. Quand il s'en détachera, ses souliers resteront.

MARIE. Tiens-moi bien, je te tiens. Regarde-moi, je te regarde.

Le Roi la regarde.

MARGUERITE. Elle t'embrouille. Ne pense plus à elle, tu seras soulagé.

LE MÉDECIN. Renoncez, Majesté. Abdiquez, Majesté.

JULIETTE. Abdiquez donc puisqu'il le faut.

Juliette le pousse de nouveau dans son fauteuil qu'elle arrête devant Marie.

LE ROI. J'entends, je vois, qui es-tu? Es-tu ma mère, es-tu ma sœur, es-tu ma femme, es-tu ma fille, es-tu ma nièce, es-tu ma cousine?... Je te connais... Je te connais pourtant. (*On le tourne vers Marguerite.*) Odieuse femme! Laideur! Pourquoi restes-tu près de moi? Pourquoi te penches-tu sur moi? Va-t'en, va-t'en.

MARIE. Ne la regarde pas. Tourne tes regards vers moi, tiens les yeux bien ouverts. Espère. Je suis là. Rappelle-toi. Je suis Marie.

LE ROI, *à Marie.* Marie!?

MARIE. Si tu ne te souviens plus, regarde-moi, apprends de nouveau que je suis Marie, apprends mes yeux, apprends mon visage, apprends mes cheveux, apprends mes bras.

MARGUERITE. Vous lui faites de la peine, il ne peut plus apprendre.

MARIE, *au Roi.* Si je ne peux pas te retenir, tourne-toi quand même vers moi. Je suis là. Garde mon image, emporte-la.

MARGUERITE. Il ne pourrait pas la traîner, il n'a pas assez de force, c'est trop lourd pour une ombre, il ne faut pas que son ombre soit écorchée par les ombres.* Il s'écroulerait sous le poids. Son ombre saignerait, il ne pourrait plus avancer. Il faut qu'il soit léger. (*Au Roi.*) Débarrasse-toi, allège-toi.

LE MÉDECIN. Il doit commencer à lâcher du lest. Débarrassez-vous, Majesté.

Le Roi se lève mais il a une autre démarche, des gestes saccadés, un air déjà un peu comme un somnambule. Cette démarche somnambulique se précisera de plus en plus.

LE ROI. Marie?

MARGUERITE, *à Marie*. Tu vois, il ne comprend plus ton nom.

JULIETTE, *à Marie*. Il ne comprend plus votre nom.

LE GARDE (*toujours annonçant*). Le Roi ne comprend plus le nom de Marie!

LE ROI. Marie!

En prononçant ce nom, il peut tendre les bras, puis les laisser tomber.

MARIE. Il le prononce.

LE MÉDECIN. Il le répète sans comprendre.

JULIETTE. Comme un perroquet. Ce sont des syllabes mortes.

LE ROI, *à Marguerite, tourné vers elle*. Je ne te connais pas, je ne t'aime pas.

JULIETTE. Il sait ce que veut dire ne pas connaître.

MARGUERITE, *à Marie*. C'est avec mon image qu'il partira. Elle ne l'encombrera pas. Elle le quittera quand il faudra. Il y a un dispositif qui lui permettra de se détacher toute seule. En appuyant sur le déclic, cela se commande à distance. (*Au Roi.*) Vois mieux.

Le Roi se tourne du côté du public.

MARIE. Il ne vous voit pas.

MARGUERITE. Il ne te voit plus.

Marie disparaît brusquement par un artifice scénique.

LE ROI. Il y a encore... il y a...

MARGUERITE. Ne vois plus ce qu'il y a.

JULIETTE. Il ne voit plus.

LE MÉDECIN, *examinant le Roi*. En effet, il ne voit plus.

Il a fait bouger son doigt devant les yeux du Roi; il a pu aussi promener une bougie allumée ou un briquet ou une allumette, devant les yeux de Bérenger. Son regard ne réagit plus.

JULIETTE. Il ne voit plus. Le médecin l'a constaté officiellement.

LE GARDE. Sa Majesté est officiellement aveugle.

MARGUERITE. Il regardera dedans. Il verra mieux.

LE ROI. Je vois les choses, je vois les visages et les villes et les forêts, je vois l'espace, je vois le temps.

MARGUERITE. Vois plus loin.

LE ROI. Je ne peux pas plus loin.

JULIETTE. L'horizon l'entoure et l'enferme.

MARGUERITE. Lance ton regard au-delà de ce que tu vois. Derrière la route, à travers la montagne, par-delà la forêt que tu n'as jamais défrichée.

LE ROI. L'océan, je ne peux pas aller plus loin, je ne sais pas nager.

LE MÉDECIN. L'absence d'exercices!

MARGUERITE. Ce n'est que la façade. Va plus au fond des choses.

LE ROI. J'ai un miroir dans mes entrailles, tout se reflète, je vois de mieux en mieux, je vois le monde, je vois la vie qui s'en va.

MARGUERITE. Va au-delà des reflets.

LE ROI. Je me vois. Derrière toute chose, je suis. Plus que moi partout. Je suis la terre, je suis le ciel, je suis le vent, je suis le feu. Suis-je dans tous les miroirs ou bien suis-je le miroir de tout?

JULIETTE. Il s'aime trop.

LE MÉDECIN. Maladie psychique bien connue: narcissisme.

MARGUERITE. Viens, approche.

LE ROI. Il n'y a pas de chemin.

JULIETTE. Il entend. Il tourne la tête quand on parle, il prête l'oreille, il tend un bras, il tend l'autre.

LE GARDE. Que veut-il saisir?

JULIETTE. Il cherche un appui.

Depuis quelques instants, le Roi avance à l'aveuglette, d'un pas mal assuré.

LE ROI. Où sont les parois? Où sont les bras? Où sont les portes? Où sont les fenêtres?

JULIETTE. Les murs sont là, Majesté, nous sommes tous là. Voici un bras.

Juliette conduit le Roi vers la droite, lui fait toucher le mur.

LE ROI. Le mur est là. Le sceptre!

Juliette le lui donne.

JULIETTE. Le voici.

LE ROI. Garde, où es-tu? Réponds.

LE GARDE. Toujours à vos ordres, Majesté. Toujours à vos ordres. (*Le Roi fait quelques pas vers le Garde. Il le touche.*) Mais oui, je suis là; mais oui, je suis là.

JULIETTE. Vos appartements sont de ce côté-ci, Majesté.

LE GARDE. On ne vous abandonnera pas, Majesté, je vous le jure.

Le Garde disparaît subitement.

JULIETTE. Nous sommes là, près de vous, nous resterons là.

Juliette disparaît subitement.

LE ROI. Garde! Juliette! Répondez! Je ne vous entends plus. Docteur, Docteur, suis-je devenu sourd?

LE MÉDECIN. Non, Majesté, pas encore.

LE ROI. Docteur!

LE MÉDECIN. Excusez-moi, Majesté, je dois partir. Je suis bien obligé. Je suis navré, je m'excuse.

Le Médecin se retire. Il sort en s'inclinant, comme une marionnette, par la porte à gauche au fond. Il est parti à reculons, avec force courbettes, toujours en s'excusant.

LE ROI. Sa voix s'éloigne, le bruit de ses pas faiblit, il n'est plus là!

MARGUERITE. Il est médecin, il a des obligations professionnelles.

LE ROI, *tendant les bras; Juliette avant de partir devra avoir mis le fauteuil dans un coin pour ne pas gêner le jeu.* Où sont les autres? (*Le Roi arrive à la porte de gauche premier plan puis se dirige vers la porte de droite premier plan.*) Ils sont partis, ils m'ont enfermé.

MARGUERITE. Ils t'encombraient, tous ces gens. Ils t'empê-
chaient d'aller, de venir. Ils se suspendaient à toi, ils se fourraient dans tes pattes.* Admets-le, ils te gênaient. Maintenant,
ça ira mieux. (*Le Roi marche avec plus d'aisance.*) Il te reste un
quart d'heure.

LE ROI. J'avais besoin de leurs services.

MARGUERITE. Je les remplace. Je suis la reine-à-tout-faire.

LE ROI. Je n'ai donné aucun congé. Fais-les revenir, appelle-les.

MARGUERITE. Ils ont décroché. * C'est que tu l'as voulu.

LE ROI. Je n'ai pas voulu.

MARGUERITE. Ils n'auraient pas pu s'en aller si tu ne l'avais pas
voulu. Tu ne peux plus revenir sur ta volonté. Tu les as laissés
tomber.

LE ROI. Qu'ils reviennent.

MARGUERITE. Tu ne sais plus leur nom. Comment s'appelaient-
ils ? (*Silence du Roi.*) Combien étaient-ils ?

LE ROI. Qui donc ?... Je n'aime pas qu'on m'enferme. Ouvre les
portes.

MARGUERITE. Patiente un peu. Tout à l'heure, les portes seront
grandes ouvertes.

LE ROI, *après un silence*. Les portes... les portes... Quelles portes ?

MARGUERITE. Y a-t-il eu des portes, y a-t-il eu un monde, as-tu
vécu ?

LE ROI. Je suis.

MARGUERITE. Ne bouge plus. Cela te fatigue.

    Le Roi fait ce qu'elle lui dit.

LE ROI. Je suis... Des bruits, des échos émergent des profon-
deurs, cela s'éloigne, cela se calme. Je suis sourd.

MARGUERITE. Moi, tu m'entendras, tu m'entendras mieux. (*Le
Roi est debout, immobile, il se tait.*) Il arrive que l'on fasse un
rêve. On s'y prend, on y croit, on l'aime. Le matin, en ouvrant
les yeux, deux mondes s'entremêlent encore. Les visages de la
nuit s'estompent dans la clarté. On voudrait se souvenir, on
voudrait les retenir. Ils glissent entre vos mains, la réalité
brutale du jour les rejette. De quoi ai-je rêvé ? se dit-on. Que

se passait-il? Qui embrassais-je? Qui aimais-je? Qu'est-ce que
je disais et que me disait-on? On se retrouve avec le regret
imprécis de toutes ces choses qui furent ou qui semblaient avoir
été. On ne sait plus ce qu'il y avait eu autour de soi. On ne sait plus.

LE ROI. Je ne sais plus ce qu'il y avait autour. Je sais que j'étais
plongé dans un monde, ce monde m'entourait. Je sais que
c'était moi et qu'est-ce qu'il y avait, qu'est-ce qu'il y avait?

MARGUERITE. Des cordes encore t'enlacent que je n'ai pas
dénouées. Ou que je n'ai pas coupées. Des mains s'accrochent
encore à toi et te retiennent.

*Tournant autour du Roi, Marguerite coupe dans le vide, comme si
elle avait dans les mains des ciseaux invisibles.*

LE ROI. Moi. Moi. Moi.

MARGUERITE. Ce toi n'est pas toi. Ce sont des objets étrangers,
des adhérences,* des parasites monstrueux. Le gui poussant sur
la branche n'est pas la branche, le lierre qui grimpe sur le
mur n'est pas le mur. Tu ploies sous le fardeau, tes épaules sont
courbées, c'est cela qui te vieillit. Et ces boulets que tu traînes,
c'est cela qui entrave ta marche. (*Marguerite se penche, elle enlève
des boulets invisibles des pieds du Roi, puis elle se relève en ayant l'air
de faire un grand effort pour soulever les boulets.*) Des tonnes, des
tonnes, ça pèse des tonnes. (*Elle fait mine de jeter ces boulets en
direction de la salle puis se redresse allégée.*) Ouf! Comment as-tu
pu traîner cela toute une vie! (*Le Roi essaye de se redresser.*) Je
me demandais pourquoi tu étais voûté, c'est à cause de ce sac.
(*Marguerite fait mine d'enlever un sac des épaules du Roi et de le jeter.*)
Et de cette besace. (*Même geste de Marguerite pour la besace.*) Et
de ces godasses de rechange.

LE ROI, *sorte de grognement.* Non.

MARGUERITE. Du calme! Tu n'en auras plus besoin de ces
chaussures de rechange. Ni de cette carabine, ni de cette mitraillette.* (*Mêmes gestes que pour la besace.*) Ni de cette boîte à outils.
(*Mêmes gestes; protestation du Roi.*) Ni de ce sabre. Il a l'air d'y
tenir. Un vieux sabre, tout rouillé. (*Elle le lui enlève bien que le
Roi s'y oppose maladroitement.*) Laisse-moi donc faire. Sois sage.

(*Elle donne une tape sur les mains du Roi.*) Tu n'as plus besoin de te défendre. On ne te veut plus que du bien; des épines sur ton manteau et des écailles, des lianes, des algues, des feuilles humides et gluantes. Elles collent, elles collent. Je les décolle, je les détache, elles font des taches, ce n'est pas net. (*Elle fait des gestes pour décoller et détacher.*) Le rêveur se retire de son rêve. Voilà, je t'ai débarrassé de ces petites misères, de ces petites saletés. Ton manteau est plus beau maintenant, tu es plus propre. Ça te va mieux. Maintenant, marche. Donne-moi la main, donne-moi donc la main, n'aie plus peur, laisse-toi glisser, je te retiendrai. Tu n'oses pas.

LE ROI, *sorte de bégaiement.* Moi.

MARGUERITE. Mais non! Il s'imagine qu'il est tout. Il croit que son être est tout l'être. Il faut lui faire sortir cela de la tête. (*Puis, comme pour l'encourager.*) Tout sera gardé dans une mémoire sans souvenir. Le grain de sel qui fond dans l'eau ne disparaît pas puisqu'il rend l'eau salée. Ah, voilà, tu te redresses, tu n'es plus voûté, tu n'as plus mal aux reins, plus de courbatures. N'est-ce pas que c'était pesant? Guéri, tu es guéri. Tu peux avancer,* avance, allons, donne-moi la main. (*Les épaules du Roi se voûtent de nouveau légèrement.*) Ne courbe plus les épaules puisque tu n'as plus de fardeau... Ah, ces réflexes conditionnés, c'est tenace... Il n'y a plus de fardeau sur tes épaules, je t'ai dit. Redresse-toi. (*Elle l'aide à se redresser.*) La main!... (*Indécision du Roi.*) Qu'il est désobéissant! Ne tiens pas le poing serré, écarte les doigts. Que tiens-tu? (*Elle lui desserre les doigts.*) C'est tout son royaume qu'il tient dans la main. En to ⌐etit: des microfilms... des graines. (*Au Roi.*) Ces graines ne repousseront pas, la semence est altérée, c'est de la mauvaise graine. Laisse tomber, défais tes doigts, je t'ordonne de desserrer les doigts, lâche les plaines, lâche les montagnes. Comme ceci. Ce n'était plus que de la poussière. (*Elle lui prend la main et l'entraîne malgré, encore, une résistance du Roi.*) Viens. De la résistance encore! Où peut-il en trouver? Non, n'essaye pas de te coucher, ne t'assois pas non plus, aucune raison de trébucher. Je te guide, n'aie pas peur. (*Elle le guide en le tenant par la main sur le plateau.*) N'est-ce pas que tu peux, n'est-ce pas que c'est facile?

J'ai aménagé une pente douce. Plus tard elle sera plus dure, cela ne fait rien, tu auras repris des forces. Ne tourne pas la tête pour regarder ce que tu ne pourras plus jamais voir, concentre-toi, penche-toi sur ton cœur, entre, entre, il le faut.

LE ROI, *les yeux fermés et avançant toujours tenu par la main.* L'empire...* A-t-on jamais connu un tel empire : deux soleils, deux lunes, deux voûtes célestes l'éclairent, un autre soleil se lève, un autre encore. Un troisième firmament surgit, jaillit, se déploie ! Tandis qu'un soleil se couche, d'autres se lèvent... A la fois, l'aube et le crépuscule... C'est un domaine qui s'étend par-delà les réservoirs des océans, par-delà les océans qui engloutissent les océans.

MARGUERITE. Traverse-les.

LE ROI. Au-delà des sept cent soixante-dix-sept pôles.

MARGUERITE. Plus loin, plus loin. Trotte, allons, trotte.

LE ROI. Bleu, bleu.

MARGUERITE. Il perçoit encore les couleurs. Des souvenirs colorés. Ce n'est pas une nature auditive. Son imagination est purement visuelle... c'est un peintre... trop partisan de la monochromie. (*Au Roi.*) Renonce aussi à cet empire. Renonce aussi aux couleurs. Cela t'égare encore, cela te retarde. Tu ne peux plus t'attarder, tu ne peux plus t'arrêter, tu ne dois pas. (*Elle s'écarte du Roi.*) Marche tout seul, n'aie pas peur. Vas-y. (*Marguerite, dans un coin du plateau, dirige le Roi de loin.*) Ce n'est plus le jour, ce n'est plus la nuit, il n'y a plus de jour, il n'y a plus de nuit. Laisse-toi diriger par cette roue qui tourne devant toi. Ne la perds pas de vue, suis-la, pas de trop près, elle est embrasée, tu pourrais te brûler. Avance, j'écarte les broussailles, attention, ne heurte pas cette ombre qui est à ta droite... Mains gluantes, mains implorantes, bras et mains pitoyables, ne revenez pas, retirez-vous. Ne le touchez pas, ou je vous frappe ! (*Au Roi.*) Ne tourne pas la tête. Évite le précipice à ta gauche, ne crains pas ce vieux loup qui hurle... ses crocs sont en carton, il n'existe pas. (*Au loup.*) Loup, n'existe plus ! (*Au Roi.*) Ne crains pas non plus les rats. Il ne peuvent pas mordre tes orteils. (*Aux rats.*) Rats et vipères, n'existez plus ! (*Au Roi.*) Ne te laisse pas apitoyer par le mendiant qui te tend la main...

Attention à la vieille femme qui vient vers toi... Ne prends pas
le verre d'eau qu'elle te tend. Tu n'as pas soif. (*A la vieille
femme imaginaire.*) Il n'a pas besoin d'être désaltéré, bonne
femme, il n'a pas soif. N'encombrez pas son chemin. Éva-
nouissez-vous. (*Au Roi.*) Escalade la barrière... Le gros
camion ne t'écrasera pas, c'est un mirage... Tu peux passer,
passe... Mais non, les pâquerettes ne chantent pas, même si
elles sont folles. J'absorbe leurs voix; elles, je les efface!...
Ne prête pas l'oreille au murmure du ruisseau. Objectivement,
on ne l'entend pas. C'est aussi un faux ruisseau, c'est une
fausse voix... Fausses voix, taisez-vous. (*Au Roi.*) Plus personne ne t'appelle. Sens, une dernière fois, cette fleur et jette-la.
Oublie son odeur. Tu n'as plus la parole. A qui pourrais-tu
parler? Oui, c'est cela, lève le pas, l'autre. Voici la passerelle,
ne crains pas le vertige. (*Le Roi avance en direction des marches du
trône.*) Tiens-toi tout droit, tu n'as pas besoin de ton gourdin,
d'ailleurs tu n'en as pas. Ne te baisse pas, surtout, ne tombe pas.
Monte, monte. (*Le Roi commence à monter les trois ou quatre
marches du trône.*) Plus haut, encore plus haut, monte, encore
plus haut, encore plus haut, encore plus haut. (*Le Roi est tout
près du trône.*) Tourne-toi vers moi. Regarde-moi. Regarde à
travers moi. Regarde ce miroir sans image, reste droit...
Donne-moi tes jambes, la droite, la gauche. (*A mesure qu'elle
lui donne ces ordres, le Roi raidit ses membres.*) Donne-moi un
doigt, donne-moi deux doigts... trois... quatre... cinq... les
dix doigts. Abandonne-moi le bras droit, le bras gauche, la
poitrine, les deux épaules et le ventre. (*Le Roi est immobile, figé
comme une statue.*) Et voilà, tu vois, tu n'as plus la parole, ton
cœur n'a plus besoin de battre, plus la peine de respirer. C'était
une agitation bien inutile, n'est-ce pas? Tu peux prendre
place.

Disparition soudaine de la reine Marguerite par la droite.
*Le Roi est assis sur son trône. On aura vu, pendant cette dernière
scène, disparaître progressivement les portes, les fenêtres, les murs de
la salle du trône. Ce jeu de décor est très important.*
Maintenant, il n'y a plus rien sur le plateau sauf le Roi sur son

*trône dans une lumière grise. Puis, le Roi et son trône disparaissent
également.*

Enfin, il n'y a plus que cette lumière grise.

*La disparition des fenêtres, portes, murs, Roi et trône doit se faire
lentement, progressivement, très nettement. Le Roi assis sur son
trône doit rester visible quelque temps avant de sombrer dans une
sorte de brume.*

RIDEAU

Paris, 15 octobre-15 novembre 1962.

Notes

Words and phrases given in exact translation in *Harrap's Shorter French and English Dictionary* are not normally listed here. The numbers refer to pages.

51. **plateau**: 'stage'.

côté jardin: 'actors' right'; left-hand side of stage for audience. *Cf. côté cour*, 'actors' left', English 'prompt' side.

au fond: 'up-stage', *i.e.* towards the rear of the stage.

dérisoirement royale: the juxtaposition sets the ironic tone of much of the action.

les Levers du Roi: music composed for the ceremony of the King's rising when he received courtiers in his bedchamber.

52. **Le Garde, annonçant**: the Guard first presents each character in turn, and subsequently indicates the stage in the action as well as commenting on it.

Marie semble plus belle: the contrast in appearance and in attitude between the two Queens is emphasized by their movement across the stage in opposite directions.

Sa Sommité: an invented mode of address, after the pattern of *Son Altesse*; humorous, like the qualifications which follow with their mingling of science and superstition, doctor and executioner.

allume-toi: it is a world almost of fairy-tale where the familiar and the magical justle. (*Cf.* p. 53, "mégots par terre", "soleil en retard"). The doctor resembles a wizard, the Queen's maid milks the cow, the Guard orders the central heating to light, the King bids the sun rise. However, none of the orders is effective; the machinery or magic is not working.

La délégation du feu: the post of furnace-minder. As the heating is not working, the Guard thinks his power has been taken from him without notification.

53. **le living-room:** an English borrowing like *"strip tease"*, p. 57, which strikes a discordant note in the text and which Marguerite rejects, though Juliette automatically reverts to using it. *Cf.* Ionesco's experience with learning English, and current French controversy over loan words (*e.g.* Etiemble, *Parlez-vous franglais?*).

54. **Vous n'allez pas ... de l'espoir:** 'You're not going to try the hope ploy again!' Marguerite's rejection of hope as a substitute for facing facts parallels similar rejections by other contemporary writers. Anouilh makes Antigone reject "le sale espoir". Camus and Sartre see hope, for example of eternal life, as illusory. *Cf. infra* p. 56 "... il fallait vivre avec la conscience de son destin."

   Il n'y a pas que cela: 'That's not all', *i.e.* 'That's not the only bad sign.'

55. **noces:** a play on the familiar use of the word in *e.g. faire la noce*, 'to go on the spree'. Notice too the list which will be repeated later with *bals*, p. 56.
   cela s'attrape: 'it's catching'.
   vous ne me tenez plus tête: 'you are no longer standing up to me'. Marie had displaced Marguerite but cannot now cope with the problems. It is Marguerite who becomes mistress of the ceremony and who performs the necessary task which is distasteful to Marie.

56. **termine par une chanson:** not simply 'end with a song', but 'end on a trifling note'; *chanson* has a similar pejorative meaning to English 'song'. *Cf. chansons, que tout cela* = 'Fiddlesticks'; and English: 'It was sold for a song'. Again Ionesco is playing on words.
   C'est quand même pompeux: Juliette's aside ironically brings the debate down from the elevated philosophical level of "vivre avec la conscience de son destin".

57. **regardante:** 'careful', 'stingy', 'concerned with the details of good house-keeping'. Marie is content to enjoy life without counting the cost, Marguerite is concerned for the maintenance of the realm of which the resources have been squandered. Marie is fatalistic, Marguerite faces facts robustly. *Cf.* "Que ce soit une réussite, un triomphe", *supra.*

58. des objecteurs de conscience: 'conscientious objectors'.

des piscines incendiées, des bistrots désaffectés: 'burnt-down swimming baths, disused pubs'; *désaffecté* is more commonly used of churches that have been deconsecrated. The incongruity is wryly humorous.

59. situation-type: 'classic' or 'standard situation'.

la folie des grandeurs: 'mania for position or power'; *avoir la folie des grandeurs* = 'to be blinded by ambition'.

La Voie lactée . . . s'agglutiner: 'The Milky Way looks as if it is curdling'. *Cf.* subsequent remarks of le Médecin: a burlesque mixture of science and astrology, precision and contradictions (*e.g. infra* "Le printemps qui était encore là hier soir nous a quittés il y a deux heures trente") which indicates the disorder in Nature.

60. semé: 'shed'. The King enters like a forgetful child; Marguerite mothers him.

Ce n'est plus qu'une formule creuse: 'It's only an empty phrase now'. To wish the dying King a good day is pointless, but this emphasizes that the phrase is usually used with little meaning.

61. gouttes à retardement: 'delayed action drops'. *Cf. bombe à retardement*—'delayed action bomb'. The King deceives himself that he has stopped the rain and that only delayed drops are falling.

un vieux pisseux: 'a leaky old man', 'an old dribbler'.

toiles d'araignées: the cobwebs indicate not only mystery (*cf.* the doctor-wizard), but neglect and perhaps mental disorder. *Cf. araignées dans le plafond*, 'bats in the belfry'.

C'est une expression: 'It's just a phrase'; perhaps God is meaningless to Bérenger.

62. Je boîte un peu: this reply epitomizes Bérenger's attitude throughout; he denies facts, then half-admits them and is finally obliged to recognize them fully.

. . . vous allez mourir: the mystery is revealed. The King however takes no notice; he already knows intellectually, in the abstract, that he will die but does not yet realize fully that his time has come.

dégourdir mon foie: 'to tone up my liver'.

la langue saburale: 'furred tongue'.

64. **Bérenger**: Marguerite drops the ceremonial form of address (*Majesté*) and will next adopt the familiar *tu*. The King is now but a man; he must abdicate.

    débiles mentaux congénitaux: 'congenital idiots'.

    mongoloïdes: 'mongols', *i.e.* type of idiot resembling the Mongolians in features.

66. **C'est lui qui s'arrête**: pun on the two meanings, 'arrests himself' and 'stops'.

67. **guignol tragique**: v. Introduction, pp. 8, 30. The symbolic rising and falling of the King is farcically paralleled by the appearance and disappearance of his creature, Juliette, while the Guard, prematurely and comically, announces his death.

    le mieux de la fin: 'the improvement which means the end'. The dying often experience an illusory, momentary improvement before the final crisis.

68. **fusées**: 'rockets', 'missiles'. Another incongruous element in this fairy land. *Cf. avion, tank, infra* p. 80. All are products of man's invention.

    Finie la réussite: 'Your triumphs are ended' but also 'The game of patience is over'. Note that patience is played with the cards face downwards and their value hidden.

69. **ce désordre**: accepting that there is disorder marks further progress on Bérenger's journey.

71. **La cérémonie commence**: the play began with music associated with the King's rising; the ceremony of his *'coucher'*, his setting now begins. The last division will begin after his renunciation of pleasure, *infra* p. 93.

73. **il faut que tu te décides de force**: 'you are compelled to make the decision', 'to make up your mind to die'.

    il fallait y penser: *cf.* Montaigne's essay: *Que philosopher c'est apprendre à mourir.*

74. **du bricolage**: 'tinkering'.

    trous: *sc. trous dans la mémoire*, 'gaps in his memory', *i.e.* 'has not learnt his part'.

    redoubler: 'repeat the course'.

75. **mourir dignement**: celebrated examples of royal fortitude are quoted. Of L O U I S   X I V Saint-Simon says: "Que dire après

cela de la fermeté constante et tranquille qui se fit admirer
dans le roi en cette extrémité de sa vie? car il est vrai qu'en
la quittant il n'en regretta rien, et que l'égalité de son âme fut
toujours à l'épreuve de la plus légère impatience, qu'il ne
s'importuna d'aucun ordre à donner, qu'il vit, qu'il parla, qu'il
régla, qu'il prévit tout pour après lui, dans la même assiette
que tout homme en bonne santé et très-libre d'esprit aurait pu
faire; que tout se passa avec cette décence extérieure, cette
gravité, cette majesté qui avait accompagné toutes les actions
de sa vie; qu'il y surnagea un naturel, un air de vérité et de
simplicité qui bannit jusqu'aux plus légers soupçons de
représentation et de comédie." (*La Cour de Louis XIV*, Nelson
ed., pp. 473-4).

CHARLES V (1500–1558), Holy Roman Emperor, abdicated
in 1555 and retired to live near a monastery at Yuste in the
Estramadura, where he is reputed to have slept nightly in his
coffin to remind himself of mortality. He was most ardent in
his faith and showed great constancy in the face of illness and
death.

PHILIP II of Spain (1527–1598), son of Charles V and equally
fervent in his faith, was towards the end of his life afflicted
with a painful illness which he bore with serenity and fortitude.

76. **Qui veut me donner sa vie?:** *cf. La Mort du dauphin* in A.
Daudet, *Lettres de mon moulin*, where the dying child asks can
no one take his place.

Il y a les oreilles ennemies qui guettent: a reference to war-
time anti-spy posters *"Les oreilles ennemies vous écoutent"* with here
an incongruous relating of two senses.

77. **J'en ai fait faire:** the King has had his enemies disposed of by
drugging with a hypodermic syringe; he therefore fears *la
piqûre*.

79. **un sourire qui s'est refermé:** *sc.* 'a smile that died'.

80. **euthanasiquement:** invented from *euthanasie*; the doctor
excuses himself, using grotesque jargon to cloak his killings.
Dans quel état: Another play on the word *état*, as above p. 74.

81. **La stérilité absolue:** this world is sustained by a King who is
now impotent. New life can only come after his death: *Le roi
est mort; vive le roi.*

82. **que je sois l'hostie**: Bérenger wishes to be deified and worshipped as ancient kings were. Here there is a further allusion to the sacrament of Holy Communion in which Christ's body is present in the host.

    Peut-être reviendrai-je: in his frantic desire to live on, Bérenger seizes on the hope of resurrection or reincarnation and alludes to ancient rites of burial, *e.g.* of Egyptian kings.

83. **Je ne suis présent qu'au passé**: the paradox indicates that he is no longer truly alive, that he is but a memory.

    Exister, c'est un mot: Marie pleads the importance of the present and the irrelevance of philosophical formulae and definitions. But it is too late for Bérenger to live now according to these precepts which echo Ionesco's own remarks in his essays.

85. **je ne fais que de la littérature**: *sc.* he is abandoning himself to rhetoric when the truth is very simply stated.

    comme un rituel: the supplications and responses which follow, with their accompanying gestures, parallel the service for the dying, when those present at the deathbed seek to help the soul in agony.

87. **vous retournerez dans votre patrie**: 'you will return to the land whence you came'; here it is *le néant, le grand rien* and Bérenger has no memories of an antecedent paradise.

    bathyscaphe: a diving bell for exploring the depths of the sea. Here used of the diver who so explores the depths. The technical term contrasts ironically with the solemn language that precedes it, and this breaks the spell and restores our detachment.

92. **C'est un repas complet**: 'It's a meal in itself'; a cookery book cliché and an advertising slogan which emphasizes the incongruity (and humour) of the whole discussion of the *pot-au-feu*.

94. **Tant qu'elle n'est pas là**: Marie is referring to death on which she has been silently brooding. *Cf. infra*, "C'est la première vérité."

    C'est la première vérité. Et la dernière: 'It's the first truth and the last (about life)', *i.e.* death is inherent in life. Marie has said that when death comes life goes, and has told the King that he will not see death. Her argument is dismissed as sophistry by Marguerite, who says death is the fruit of life and inherent in it, to which Marie retorts that this is an elementary truth (*i.e.* an unimportant truth). Marguerite replies that it is the first and the last fact about life. Marie wishes to banish thoughts of death. Marguerite would have had the King live in full consciousness that he must die. Throughout Marie seeks to give the King reassurance by emphasizing the positive side of life: activity, pleasure, memories, love, the future of mankind; Marguerite emphasizes the negative side, the inevitability of death for the individual.

96. **Je ne serai pas le comptable:** another play on words: *comptes, compté, comptable.* Marie tells the King he is a man of some account and will be counted amongst the great, but he replies that he will not be there to cast the accounts, *i.e.* to be the controller of the account.

  gâ . . .: *sc. gâteuse,* 'senile'.

98. **Majesté:** the Guard here begins a funeral oration in which all the inventions and creations of man are attributed to Bérenger. The absurdity of some of the attributions, the changes in tone and the comments of Bérenger and others make the speech mock-heroic; the praise is irrelevant to a man about to die.

  Il a volé le feu aux Dieux: a reference to Prometheus which becomes wry with the comment that he (*i.e.* man) then lit the gunpowder fuse.

99. **Icare:** Icarus with his father Daedalus is reputed to have flown on wings made from feathers fixed together by wax, but flying too near the sun, which melted the wax, he was cast into the Aegean (or Icarian) sea in which he drowned.

100. **J'avais un petit chat . . .:** Bérenger's monologue with its allegory of the little cat offsets the Guard's oration.

102. **Circulation:** *i.e.* Juliette again begins to push the King in his wheelchair round the stage.

103. **De mortuis nihil nisi bene:** (*Latin*) 'Speak nothing but good of the dead'.

105. **C'est toujours ainsi lorsqu'un univers s'anéantit:** the death throes destroy his universe; each man's world dies with him.

106. **Il ne faut pas que son ombre soit écorchée par les ombres:** 'His shade must not be galled by other ghosts'. The memory of

herself (the *image* or *ombre*) that Marie wishes the King to bear with him is rejected by Marguerite; he is too weak to drag the past with him, nor can he shoulder the burden which would chafe and gall him until he bled.

110. **ils se fourraient dans tes pattes:** 'they were always getting in your way'.

   Ils ont décroché: 'they have broken contact'; *cf.* military use: 'they have broken off the encounter' (*sc.* 'and withdrawn'). *Cf.* p. 111 "Des mains s'accrochent encore à toi".

111. **adhérences:** 'adhesions'. Marguerite cuts the King free and relieves him of the burdens of his pilgrimage, of his weapons, his tools and the burrs that have clung to him in life.

   mitraillette: 'sub-machine gun'.

112. **Tu peux avancer:** Marguerite guides him through the shadows of death, but he still resists automatically.

113. **L'empire:** the apocalyptic world that the disordered senses create for the dying man.